RHAID I BOPETH NEWID

*Cyflwynir y gyfrol hon i holl aelodau
Cymdeithas yr Iaith Gymraeg – ddoe, heddiw ac yfory*

RHAID I BOPETH NEWID

Cyfrol i ddathlu
60 mlwyddiant
Cymdeithas yr Iaith

Dafydd Morgan Lewis (Gol.)

Argraffiad cyntaf: 2022

© Hawlfraint yr awduron unigol a'r Lolfa Cyf., 2022
Hawlfraint lluniau: Y ffotograffwyr unigol.
Derbyniwyd llun Geoff Charles trwy ganiatâd Llyfrgell Genedlaethol Cymru.

Mae hawlfraint ar gynnwys y llyfr hwn ac mae'n anghyfreithlon llungopïo neu atgynhyrchu unrhyw ran ohono trwy unrhyw ddull ac at unrhyw bwrpas (ar wahân i adolygu) heb gytundeb ysgrifenedig y cyhoeddwyr ymlaen llaw

Clawr: Carwyn Hedd

Rhif Llyfr Rhyngwladol: 978 1 80099 195 8

Cyhoeddwyd, rhwymwyd ac argraffwyd yng Nghymru gan
Y Lolfa Cyf., Talybont, Ceredigion SY24 5HE
gwefan www.ylolfa.com
e-bost ylolfa@ylolfa.com
ffôn 01970 832 304
ffacs 832 782

Cynnwys

Cyflwyniad 7
Dafydd Morgan Lewis

Y llif o dan Bont Trefechan 11
Hywel Griffiths

Holi Gareth Miles 14
Eiry Miles

Synhwyro fod rhywbeth mawr ar droed 22
Dafydd Iwan

Ras gyfnewid dros y Gymraeg 28
Ffred Ffransis

Y chwyldro troellog 37
Wynfford James

Ymwybyddiaeth, diddordeb, hyder, ewyllys 45
Steve Eaves

Rhag cors anobaith 59
Angharad Tomos

Dathlu'r 60 66
Toni Schiavone

Anwedd 75
Lleucu Roberts

Un o'r rhai lwcus 82
Helen Prosser

Peintio'r byd yn wyrdd 88
Haf Elgar

Brwydr ryngwladol yw brwydr yr iaith 97
Elin Haf Gruffydd Jones

Lloffion o'r gorffennol 105
Menna Machreth

Llaw chwith Owain Glyndŵr 113
Tamsin Cathan Davies

Sut des i yn siaradwr Cymraeg? 122
Joseph Gnagbo

Gobaith, gweithredu a'r grym sydd gennym ni gyd 125
Mabli Siriol Jones

Bywgraffiadau 134

Cyflwyniad

CYFROL I DDATHLU pen-blwydd Cymdeithas yr Iaith Gymraeg yn 60 mlwydd oed yw hon ac fe roddwyd iddi'r teitl *Rhaid i bopeth newid – Cyfrol i ddathlu 60 mlwyddiant Cymdeithas yr Iaith*.

Fel y gwyddom, darlith radio Saunders Lewis, *Tynged yr Iaith* oedd yr ysgogiad tu ôl i sefydlu'r Gymdeithas. Ond o ystyried sut ddegawd oedd y chwedegau mae'n siŵr y byddai mudiad iaith o ryw fath wedi dod i fodolaeth yng Nghymru pe na bai'r ddarlith wedi ei thraddodi o gwbl.

Naw oed oeddwn i pan draddodwyd y ddarlith ac nid oes gennyf unrhyw gof o'r darllediad er i mi ei chlywed a'i darllen lawer gwaith dros y blynyddoedd.

Mae gen i gof er hynny am drafod canlyniadau cyfrifiad 1961 ar yr aelwyd gartref a'r sôn am y ffigyrau hynny a fyddai yn ôl Saunders Lewis yn 'sioc ac yn siom i'r rheini ohonom sy'n ystyried nad Cymru fydd Cymru heb y Gymraeg.'

Yn 1961/62 roeddwn i yn byw mewn plwy (Garthbeibio yn Sir Drefaldwyn) lle'r oedd 98% o'r boblogaeth yn siarad Cymraeg. Canran y siaradwyr Cymraeg yn y plwy nesa (Llangadfan) oedd 92% ac yn Llanerfyl gerllaw roedd y ganran yn 97%. Pan ryddheir yr ystadegau am gyfrifiad 2021 fe fydd canran y Cymry Cymraeg yn yr ardaloedd hyn wedi disgyn o dan 50% am y tro cyntaf erioed, ond er hynny, mae'n siŵr mai nhw fydd y cymunedau Cymreiciaf ym Mhowys.

Y sylw mwyaf rhybuddiol yn y ddarlith yw hwnnw lle y rhagdybia Saunders 'y bydd terfyn ar y Gymraeg fel iaith fyw, ond parhau'r tueddiad presennol, tua dechrau'r unfed ganrif ar hugain, a rhoi bod dynion ar gael yn Ynys Prydain bryd hynny.'

Mae cysgod y Rhyfel Oer ac ofn rhyfel niwclear yn drwm dros y sylw hwn. Hyn, yn hytrach nag unrhyw ofid am yr iaith oedd yn fy nghadw i yn effro yn y nos yn ddiweddarach yn 1962 pan ddaeth yr argyfwng yn Ciwba i ddychryn pawb ohonom.

Ni welwyd tranc y Gymraeg fel y bygythiodd Saunders Lewis er fod nifer o gymunedau Cymraeg ar hyd a lled Cymru wedi diflannu am byth. Yr ydym wedi rhyw fath o oroesi diolch i'r ysbryd a grëwyd gan Gymdeithas yr Iaith Gymraeg tros y trigain mlynedd diwethaf.

Fe ddaeth y Gymdeithas yn fyw i mi tua diwedd y chwedegau oherwydd ei gwrthwynebiad i'r Arwisgo, a chofiaf deithio i Aberystwyth unwaith efo fy rhieni a chael fod pob arwydd ffordd wedi ei beintio'n wyrdd. Daeth hynny â gorfoledd mawr i'm calon.

Ymunais â'r Gymdeithas yn Eisteddfod Genedlaethol Rhydaman 1970 pan oedd cân Dafydd Iwan, 'Peintio'r Byd yn Wyrdd' yn atseinio dros y Maes.

Yn 1971 cofiaf ymuno â thaith gerdded oedd yn galw am sefydlu Corfforaeth Ddarlledu Annibynnol i Gymru a Sianel Deledu Gymraeg. Roeddem yn casglu enwau ar ddeiseb ac wrth basio trwy Bow Street dyma gyfarfod dwy hen wraig a hen ŵr. Cymry glân gloyw, melys eu sgwrs, oedd â diddordeb mawr mewn capeli ac eisteddfodau. Gwahoddais hwy i arwyddo'r ddeiseb. Gan gamu'n ôl mewn braw dyma nhw yn gwrthod yn lân â gwneud hynny.

'Fedrwn ni byth â gwneud hynny' meddai un ohonynt, 'fe fyddai'r Saeson yn digio wrthym, ac oni bai amdanyn nhw ni fyddem wedi llwyddo i orchfygu Hitler.' Cyn ennill brwydrau yn erbyn y sefydliad Prydeinig fe fu'n rhaid i'r Gymdeithas oresgyn y math yma o waseidd-dra ymysg y Cymry eu hunain.

Flwyddyn neu ddwy yn ddiweddarach roeddwn i yng nghwmni criw o fyfyrwyr o Fangor yn meddiannu tŷ haf yn Llanengan. Ychydig o ddiddordeb oedd gan yr heddlu lleol ynom. Fe gymerwyd ein henwau a'n gorchymyn i fynd adre.

Cyflwyniad

Ond fe ddaeth un o'r trigolion lleol i drafod y sefyllfa dai yn yr ardal efo ni.

Mae yna hanner can mlynedd dda wedi mynd heibio ers hynny, sawl tŷ haf wedi ei feddiannu (nifer wedi eu llosgi gan fudiad arall) a sloganau fel 'Tai a Gwaith i Gadw'r Iaith' ac 'Nid yw Cymru ar Werth' wedi atseinio mewn sawl protest. Bu lobïo ac ymgyrchu brwd dros Ddeddf Eiddo. Ar waethaf hyn i gyd (ac nid y Gymdeithas oedd yr unig fudiad gweithgar yn y maes o bell ffordd) dydi'r sefyllfa dai yn y Gymru wledig ddim wedi gwella o gwbwl. Mae'r sefyllfa heddiw'n waeth na beth oedd hi hanner can mlynedd yn ôl. Er yr holl frwydrau enillwyd dros y Gymraeg yn ystod y 60 mlynedd diwethaf, mae hon wedi bod yn un arbennig o anodd.

Ond nid mudiad sy'n anobeithio yw'r Gymdeithas. Mudiad y Gobaith ydyw fel y dywedodd un o'n hymgyrchwyr unwaith.

Gwahoddwyd rhai o'r ymgyrchwyr hynny i gyfrannu i'r gyfrol hon. Mae pob un yn perthyn i wahanol gyfnodau yn hanes y Gymdeithas a hynny o'r 1960au hyd heddiw. Mae pob un hefyd wedi chwarae rhan bwysig yn hanes y Gymdeithas, rhai am gyfnodau byr ac eraill am flynyddoedd lawer. Symudodd ambell un ymlaen i feysydd eraill, ond gydag ymrwymiad dwfn i ddyfodol ein hiaith a'n cymunedau ac i ddyfodol y ddynoliaeth hefyd. Bydd nifer ohonynt yma yn 2062 pan ddethlir can mlwyddiant *Tynged yr Iaith*. Yr ydym o fewn deugain mlynedd i hynny. Rhywbeth yn debyg oedd y pellter rhwng darlleniad Saunders Lewis a diwedd yr ugeinfed ganrif. A fedrwn ni fod yn fwy gobeithiol na Saunders Lewis yn 1962? Yn sicr, ni allwn fforddio anobeithio.

Wn i ddim pryd y daeth 'Os yw'r Gymraeg i fyw, rhaid i bopeth newid' yn un o sloganau'r Gymdeithas. Tua chanol y 1980au fe dybiaf pan oedd Margaret Thatcher ar ei mwyaf grymus. Mae hi yn slogan sydd wedi codi ei phen yn amal dros y blynyddoedd. Mae hi hefyd yn brawf o rym chwyldroadol y frwydr dros y Gymraeg.

Ond mae'r heriau hynny sy'n ein hwynebu yn newid o

hyd. Erbyn hyn fe ddywedwn i fod Brexit (a pholisïau hiliol ac adweithiol llywodraeth y dydd sy'n rhan o'r 'weledigaeth' honno) yn rhai y mae'n rhaid i ni eu gwrthsefyll. Tros y blynyddoedd fe fu i'r Gymdeithas uniaethu â'r frwydr ryngwladol dros gyfiawnder. Safasom yn gadarn dros heddwch ac yn erbyn rhyfel. Bu i ni roi ein cefnogaeth i'r Mudiad Gwrth-Apartheid ac fe wnaethom rywfaint o waith yn y Trydydd Byd. Mae'n sicr y bydd yn rhaid i ni yn awr weithio'n agosach gyda'r frwydr yn erbyn cynhesu byd eang gan ymuno â'r 'Chwyldro Gwyrdd' os ydym am sicrhau dyfodol i'r blaned. Onid Cymdeithas yr Iaith, wedi'r cwbwl, oedd y mudiad cyntaf i alw am 'Beintio'r Byd yn Wyrdd'!

Hoffwn ddiolch i bawb sydd wedi cyfrannu i'r gyfrol hon, ac i'r rhai hynny sy'n aelodau o Bwyllgor Dathlu 60 y Gymdeithas, yn arbennig i Carol Jenkins, Carwyn Hedd, Helen Greenwood, Gwyn Siôn Ifan, Eiry Miles ac Osian Rhys. Diolch hefyd i Wasg y Lolfa ac yn neilltuol Marged Tudur am eu cefnogaeth.

Bydd unrhyw elw o werthiant y llyfr yn mynd i Gymdeithas yr Iaith Gymraeg.

Dafydd Morgan Lewis
Hydref 2022

Y llif o dan Bont Trefechan

Hywel Griffiths

Byddaf yn cerdded o dan Bont Trefechan ar hyd glannau Afon Rheidol bron bob dydd ar y ffordd at Draeth y De gyda'r ci. Wrth wneud, mae'n anodd peidio hel atgofion am fy hanes gyda'r Gymdeithas, o raliau a phrotestiadau ac achosion llys, i gyfarfodydd hirfaith o'r Senedd yng Nghanolfan Merched y Wawr, i'r hwyl o fod gyda ffrindiau o'r un anian. Ond er pwysiced yw atgofion, mae'n bwysig nad atgofion yn unig ydyn nhw, a'u bod yn sbarduno rhywun i ddal ati pan fo cymaint yn dal i'w wneud.

Heibio'r ffenestri dwbwl
yn y Bae mae'r tonnau'n bŵl,
er hynny'n malu, trymhau
yn adwy cymunedau;
ac o soffa'r lolfa lân
ar rith ffôn wrthyf f'hunan
y mae hi'n haws, mwy na heb,
eu miwtio nag ymateb.

Ond fe ddaw fesul glawiad
y llif iau o lethrau'r wlad
fel rhyw afon flêr, ifanc,
a'i dŵr byw'n erydu'r banc,
yn adleisio cyffro cân
uchel ar Bont Trefechan;
adlais sy'n dal sŵn y dydd
yn agos beunos beunydd.

Rhaid i Bopeth Newid

Mae hi'n hawdd, mi wn i hyn,
o dawelwch, eu dilyn;
o'r gadair ddofn eofn wyf,
dweud fy nweud yn fwyn ydwyf.
Chwyldro glân dosbarth canol,
nid chwyldro rhydd y ffydd ffôl
yw gair oer, sgleiniog ar sgrin
heb hefyd droedio'r pafin.

Mae'r hen bont yn bont i'r byd
a fu, a phont i fywyd;
cerddaf 'mla'n oddi tani,
at wawr wedi'i chysgod hi,
gan wybod bod, ac y bydd
yn nirmyg gwyllt y stormydd
afon yn ddewr dragyfyth
o dan Bont Trefechan fyth.

Y llif o dan Bont Trefechan

(Llun: Marian Delyth)

Holi Gareth Miles

Eiry Miles

Roedd Gareth Miles yn un o sylfaenwyr Cymdeithas yr Iaith Gymraeg ac yn gadeirydd ar y mudiad rhwng 1966 ac 1968. Chwaraeodd ran bwysig ym mywyd gwleidyddol a llenyddol Cymru ar hyd ei oes. Yma mae ei ferch Eiry yn ei holi ar ran Pwyllgor Dathlu 60 y Gymdeithas.

O ble y daeth y diddordeb mewn gwleidyddiaeth? A gefaist dy fagu ar aelwyd wleidyddol?
Roedd fy mhlentyndod, cyfnod yr Ail Ryfel Byd, yn gyfnod lle'r oedd ymwybyddiaeth wleidyddol gref iawn. Ond ches i ddim fy magu ar aelwyd wleidyddol. Meddyg o Bont-rhyd-y-fen yn wreiddiol oedd fy nhad ac roedd yn fab i löwr. Yn naturiol felly, roedd yn cefnogi'r Blaid Lafur ac yn ddigon agored am y peth, ond fydden ni ddim yn cael rhyw drafodaethau gwleidyddol fel teulu. Roedd tipyn o gefnogaeth i Blaid Cymru yn Waunfawr yn y cyfnod, ond fydden ni ddim yn trafod hynny adra.

Pan fyddwn i'n ymweld â'm perthnasau ym Mhont-rhyd-y-fen, byddai llawer mwy o drafod ar wleidyddiaeth. Dwi'n cofio bod yno adeg etholiad 1945, pan oeddwn i'n ifanc iawn – yn saith oed. Ro'n i yn nhŷ fy nain, 8 Twynypandy, a fy modrybedd yn cynhyrfu'n lân wrth drafod yr ymgyrchu. Dyma fy modryb Jennet yn dod oddi ar y bws yn lladd ei hun yn chwerthin. Roedd hi wedi gweld criw o lanciau ifanc yn taflu tyweirch at boster etholiadol y Blaid Dorïaidd, ac roedd hi – fel gweddill y teulu – yn cefnogi'r Blaid Lafur. Gofynnais wedyn pam ei bod hi'n cefnogi'r Blaid Lafur, ac mi ofynnodd hi o'n i'n licio bananas. Atebais yn onest, a dweud nad oeddwn erioed wedi bwyta banana. 'Mae bananas yn hyfryd,' meddai hi. 'Byddi di'n cael banana bob dydd os aiff y Blaid Lafur i mewn.'

Felly, dwi'n sicr mai ym Mhont-rhyd-y-fen y cychwynnodd y diddordeb mewn gwleidyddiaeth. Pan oeddwn i'n hŷn wedyn, dwi'n cofio mynd i aros efo fy Anti Annie ym Mhont-rhyd-y-fen. Prifathrawes ysgol gynradd oedd hi, ac roedd hi'n ddibriod gan y byddai hi – fel yr oedd pethau bryd hynny – wedi gorfod rhoi'r gorau i'w swydd tasai hi'n priodi. Llafurwraig oedd hi wrth gwrs, ac roedd hi'n ymddiddori'n fawr mewn gwleidyddiaeth. Dwi'n cofio bod yn ei stafell ffrynt a'r silffoedd yn llawn llyfrau digon deallusol. Yn eu plith, roedd pamffledyn Plaid Cymru *Paham y Llosgasom yr Ysgol Fomio*. Mae'n siŵr mod i'n rhyw bymtheg neu'n un ar bymtheg ar y pryd. Ac i mi, roedd y pamffled yn gwbl syfrdanol.

Pan o'n i'n blentyn, roedd Anti Annie yn byw efo fy nhaid a fy nain. Fel y soniais i, glöwr oedd fy nhaid, a chyn i mi gael fy ngeni, mi gafodd o ddamwain ofnadwy. Roedd cebl trydan ar y llethr y tu ôl i'r tŷ, ac mi chwythwyd y cebl i lawr mewn gwynt cryf. Roedd dyn yn digwydd mynd heibio pan ddigwyddodd hynny ac mi gafodd ei drydaneiddio. Aeth fy nhaid i drio ei achub, ac mi gafodd o ei drydaneiddio wrth gyffwrdd â'r dyn, ac mi effeithiodd hynny'n ofnadwy ar ei feddwl o. Dwi'n cofio bod ym Mhont-rhyd-y-fen, a 'nhad yn gorfod ei helpu i eillio. Mae hynny'n fyw iawn yn fy meddwl i, a dwi'n meddwl bod profiad fy nhaid, a'i ddioddefaint o ganlyniad i weithred anhunanol iawn, wedi effeithio ar fy mydolwg mewn sawl ffordd.

Cafodd profiadau fy nhad fel meddyg teulu yn Waunfawr dipyn o effaith arna i hefyd. Cyn sefydlu'r Gwasanaeth Iechyd Gwladol mi gafwyd refferendwm ymysg meddygon Môn ac Arfon, a dim ond fy nhad ac un meddyg arall oedd o blaid ei sefydlu. Roedd y lleill yn erbyn y peth ac roedd fy nhad yn reit ddirmygus ohonyn nhw. Roedden nhw'n mynnu y byddai'r Gwasanaeth Iechyd yn effeithio ar berthynas y doctor a'r claf a rhyw rwtsh felly, ond snobyddiaeth a hunanoldeb oedd wrth wraidd y peth wrth gwrs.

Beth am y diddordeb cynnar mewn llenyddiaeth?
Mi fuodd Anti Annie yn dipyn o ddylanwad arna i o ran y diddordeb mewn llenyddiaeth hefyd. Byddai hi'n prynu llyfrau i mi ac yn fy annog i ddarllen yn y Gymraeg a'r Saesneg. Ro'n i'n hoff o lyfrau Meuryn i blant, a llyfrau Robert Louis Stevenson. Ond un llyfr na wnaeth fy mhlesio o gwbl oedd *Alice in Wonderland* gan Lewis Carroll, a gefais yn anrheg gan Anti Annie. Mi gododd hwnnw ofn ofnadwy arna i ac ro'n i'n teimlo bod rhaid i mi gael gwared arno. Dwi'n cofio ei ollwng drwy ffenest y trên wrth deithio'n ôl i'r gogledd, a ffugio fy mod i wedi'i golli'n ddamweiniol.

Beth am ysgrifennu?
Ro'n i'n mwynhau darllen a sgwennu ond feddyliais i erioed, yn blentyn, y gallwn fod yn sgwennwr. Roedd fy addysg yng Ngholeg Llanymddyfri yn gwbl Seisnig, felly ches i mo'r cyfle i astudio llenyddiaeth Gymraeg. Mi es yn fy mlaen i astudio Saesneg ac Athroniaeth ym Mhrifysgol Bangor, a mynd ati hefyd i ehangu fy ngwybodaeth am lenyddiaeth Gymraeg. Ond mi ges i sioc o weld cyn lleied o lyfrau Cymraeg oedd 'na mewn gwirionedd. Mi lwyddais i ddarllen y clasuron Cymraeg i gyd mewn un haf.

Beth am y gweithgarwch gwleidyddol ar ôl mynd i'r Brifysgol?
Yn 1956 ar ôl mynd i'r Brifysgol ym Mangor yr ymunais i â Phlaid Cymru. Bryd hynny, ro'n i'n wrth-lafurol, ac yn teimlo bod y Blaid Lafur yn blaid Seisnig. Ond mi ges i siom ym Mangor a deud y gwir. Ro'n i wedi darllen *Cysgod y Cryman* ac wedi dychmygu y byddai'r lle'n ferw o genedlaetholdeb. Ond doedd o ddim. Roedd y bechgyn a'r merched mwyaf disglair yn paratoi i fynd i'r weinidogaeth neu i fyd darlledu, ac yn barchus

tu hwnt. Ro'n i hefyd wedi bod yn darllen llenyddiaeth Saesneg a Ffrangeg ac yn gweld y myfyrwyr Cymraeg yn ddiniwed iawn, ac a deud y gwir, yn reit gul.

Pa mor ymwybodol oeddet ti o'r byd tu allan i Gymru?
Roedd gen i ysfa fawr i ehangu fy ngorwelion a gweld y byd. Mi fues i'n bawdheglu yn Sbaen ddwywaith pan o'n i yn y chweched dosbarth. Ar ôl graddio, mi dreuliais flwyddyn yn Bordeaux, yn *Assistant d'Anglais*. Dyna pryd y dechreuais fwynhau llenyddiaeth Ffrangeg o ddifri, yn enwedig Albert Camus a Jean-Paul Sartre a beirdd fel Baudelaire. Mi ges ddeffroad gwleidyddol hefyd. Roedd yn gyfnod terfysglyd iawn yn Ffrainc; roedd gwrthdaro rhwng y chwith a'r dde, y Comiwnyddion a'r Sosialwyr, a'r Ceidwadwyr yn gwrthwynebu annibyniaeth i Algeria. Roedd y wlad ar ddibyn gwrthchwyldro dychrynllyd. Ar y pryd, ro'n i'n drwm dan ddylanwad Saunders Lewis ac Ambrose Bebb a phobl felly ond mi welais fod yr Eglwys Gatholig yn geidwadol ac yn adweithiol iawn. Ymwelais â Llydaw sawl gwaith, a gweld sefyllfa'r Llydaweg drosof fy hun. Roedd llawer mwy yn ei siarad bryd hynny wrth gwrs; mae'r sefyllfa'n druenus bellach. Mae llawer o Gymry yn caru Ffrainc gan ddiystyru'r ffordd y mae'r wlad yn trin ei hieithoedd lleiafrifol. Ond prif effaith y flwyddyn honno arnaf oedd gwneud i mi gefnu ar fy niddordeb mewn Catholigiaeth a daliadau Saunders Lewis. Y chwith – dan arweiniad y Blaid Gomiwnyddol – oedd yn ymgyrchu dros annibyniaeth Algeria, ac mi welais mai Comiwnyddiaeth a Sosialaeth oedd yn cynnig yr atebion i broblemau gwleidyddol y byd cyfoes.

Fe gafodd yr helyntion gwleidyddol yn Ffrainc gryn ddylanwad felly?
Ar ôl gorffen fy nghwrs Ymarfer Dysgu yn Aberystwyth, mi fues i am ryw dair wythnos yn Algeria yn 1962, pan oedd y wlad newydd ennill ei hannibyniaeth. Mi fues i'n Algiers ac Oran a chyfarfod llawer o bobl ddifyr. Ro'n i wedi bwriadu

dychwelyd i Algeria eto ar ôl cyfnod yn dysgu Saesneg yn Ysgol Thomas Jones, Amlwch. Mi wnes drefniadau i fynd yno yn 1964 i helpu'r llywodraeth Sosialaidd newydd trwy waith trefnu a chyfieithu. Roedd Cymru'n wlad mor farwaidd ar y pryd ac ro'n i eisiau mynd i weld beth oedd yn digwydd mewn gwlad chwyldroadol go iawn. Ond mi wnes i ddigwydd taro ar Mr W. J. Davies, a oedd newydd gael ei benodi'n brifathro Ysgol Morgan Llwyd, Ysgol Gyfun Gymraeg newydd yn Wrecsam. Ro'n i wedi darllen erthygl yn *Y Cymro* am sefydlu'r ysgol ac roedd gen i ddiddordeb mawr ynddi, ac mi ofynnais sut roedd pethau'n mynd. Atebodd yntau fod pethau'n mynd yn dda, ond ei fod yn methu'n lân â chael rhywun i ddysgu Saesneg a Ffrangeg. Dyma fi'n dweud fod gen i radd yn y Saesneg ac y gallwn i ddysgu Ffrangeg, a dyna ni. Heblaw am yr hap yna, wn i ddim beth fyddai wedi digwydd. Wn i ddim a fyddwn i wedi goroesi yn Algeria gythryblus.

Pan oeddwn yn Ffrainc, daeth criw o fyfyrwyr Aberystwyth yno ar ymweliad, ac mi deithiais efo nhw o gwmpas Paris a Llydaw. Roedd y criw yn cynnwys Emyr Llywelyn, ac fe deimlais fod ein daliadau gwleidyddol yn debyg iawn. Wedyn, pan es i wneud Ymarfer Dysgu yn Aberystwyth, des i adnabod Cynog Dafis, John Davies Bwlchllan, Tedi Millward a gwladgarwyr eraill. Roedd Aber yn debyg i ddarlun *Cysgod y Cryman* o fywyd prifysgol! A dyna'r tro cyntaf i mi deimlo fy mod wedi cyfarfod pobl ifanc â'r un daliadau cenedlaetholgar â mi; pobl a ddaeth yn ffrindiau oes.

Beth wyt ti yn ei gofio am ddarlith Radio Saunders Lewis *Tynged yr Iaith* a'r cyfnod hwnnw?
Yr hyn dwi'n ei gofio ydi bod Saunders Lewis wedi cynnig ffordd ymlaen, sef mudiad tor-cyfraith di-drais, gan ddilyn esiampl y teulu Beasley.

Mi wnes i gamddeall, wrth gwrs. Bwriad Saunders Lewis oedd ysgogi Plaid Cymru i droi'n fudiad iaith. Ond nid dyna oedd gen i mewn golwg ond cyfle i greu mudiad newydd:

mudiad i ddisodli Plaid Cymru. Hyd y gwelwn i, roedd rhaid torri'r gyfraith er mwyn ein rhyddhau ein hunain oddi wrth Loegr a'r Wladwriaeth Brydeinig.

Ar y pryd, roedd cenedlaetholwyr ifainc yn teimlo'n chwerw iawn oherwydd methiant Plaid Cymru i amddiffyn Tryweryn, a'r hyn a welent fel brad Gwynfor Evans ac arweinyddiaeth Plaid Cymru am fethu â dilyn esiampl Penyberth wrth ymdrin â Thryweryn.

Beth oedd dy farn am Saunders Lewis ar y pryd?
Roedd gen i barch ac edmygedd di-derfyn at Saunders Lewis, ac mae'r un peth yn wir heddiw. Ond gresyn bod dyn mor ddeallus a diwylliedig wedi llyncu ofergoeliaeth yr Eglwys Gatholig.

Yr oeddet ti yn un o'r rhai cyntaf i wynebu achos llys yn yr ymgyrch dros y Gymraeg ar ôl rhoi reid ar dy feic i gydfyfyrwraig ar y prom yn Aberystwyth. Beth yw dy atgofion am hyn?
Fy mwriad yn noson honno oedd rhoi pás adra i fy nghydfyfyrwraig, Joan Wyn Hughes (merch Richard Hughes, y Co' Bach) ar far y beic, i fynd â hi i'w hostel ym mhen draw'r prom.

Pan orchmynnodd y plismon i mi ddod oddi ar y beic, fe'm rhybuddiwyd y gallwn i dderbyn gwŷs i ymddangos mewn llys barn. Pe digwyddai hynny, credwn fod dyletswydd arnaf, yn sgil darlledu *Tynged yr Iaith*, i wrthod talu unrhyw ddirwy gan ddilyn esiampl y teulu Beasley a Mrs Delyth Davies.

Pa atgofion sydd gen ti am y 1960au a'th gyfnod fel Cadeirydd Cymdeithas yr Iaith?
Wrth feddwl am y 1960au, y teimladau a ddaw i'r meddwl yw cymysgedd o chwerwder ac argyhoeddiad. Roedd rhaid herio'r wladwriaeth trwy ddulliau tor-cyfraith, di-drais.

Fy nghyfraniad fel Cadeirydd Cymdeithas yr Iaith oedd

cwblhau yn llwyddiannus ymgyrchoedd Geraint Jones a Neil ap Siencyn dros drwydded foduro Gymraeg; cadw undod y Gymdeithas mewn cyfnod anodd; amddiffyn y dull di-drais; cryfhau'r ysbryd cenedlaethol trwy wrthwynebu'r arwisgo a herio Seisnigrwydd yr achlysur; a'r ymgyrch peintio arwyddion.

Yn sicr, mi gawson ni hwyl arni. Bob tro y gwelwn ni arwydd Cymraeg, mae'r Gymdeithas yn medru ei longyfarch ei hun.

Pam troi at y Comiwnyddion?
Troais yn Gomiwnydd am y rheswm syml fod Marcsiaeth yn cynnig y dehongliad mwyaf trylwyr o gymdeithas a gwleidyddiaeth.

Beth yw'r cysylltiad yn dy fywyd rhwng ysgrifennu a gwleidyddiaeth?
Dwi'n sgwennu, yn anad dim, am ei fod yn hunanfynegiant. Dwi wedi hoffi sgwennu 'rioed a byddwn wrth fy modd yn yr ysgol fach pan fyddai unrhyw gyfle i sgwennu.

Ro'n i hyd yn oed yn mwynhau cymryd rhan yn arholiadau ysgrythurol Henaduraeth Arfon. Byddai'r plant eraill yn melltithio bod rhaid ateb cwestiynau ar actau'r apostolion ar fore Sadwrn, ond byddwn i wrth fy modd (er na wnes i erioed gyfaddef hynny wrth neb). Roedd yr eisteddfodau bach a'r capel wrth gwrs yn cynnig llawer o gyfleoedd eraill i sgwennu.

Erbyn y 1960au, roedd fy mywyd gwleidyddol yn hynod ddiddorol ac ro'n i'n meddwl bod gwerth cofnodi'r newidiadau oedd yn digwydd ym meddyliau fy nghyfoedion. Mi ddes i'n awdur proffesiynol wedyn a chael blas ar sgwennu bob math o ffurfiau, gan gynnwys drama a ffilm. Mi ges i flas hefyd ar gyfieithu campweithiau clasurol: gweithiau Moliére, Shakespeare ac Arthur Miller, ynghyd â gweithiau mwy diweddar fel *Le Dieu du Carnage* (Llanast) gan Yasmin Reza.

Nid fi sydd i farnu a gafodd fy ngweithgarwch gwleidyddol a llenyddol unrhyw effaith.

Beth yw llwyddiant mwyaf y mudiad iaith?

Y llwyddiant mwyaf yw bod yr iaith Gymraeg a'r diwylliant Cymraeg mor llewyrchus er gwaethaf pawb a phopeth. Mae'r diwylliant, ein llenyddiaeth ac addysg Gymraeg yn llwyddo.

Mae'r mudiad iaith wedi mynd ar gyfeiliorn yn reit aml, ond wrth edrych i'r dyfodol, mae'n rhaid dal ati.

Fel ddudodd rhywun, 'os 'dach chi'n rhoi'r gorau i ymgyrchu, 'dach chi'n bownd o golli. Ond os daliwch chi ati, efallai y gwnewch chi ennill.'

Synhwyro fod rhywbeth mawr ar droed

Dafydd Iwan

Mae 'Rhaid i bopeth newid' yn slogan ddiddorol. Yn wir, gall fod yn slogan berthnasol ac ystyrlon i unrhyw un sydd yn credu'n gryf mewn unrhyw beth, neu gall fod yn esgus dros feddwl niwlog, a thros osgoi ateb y cwestiwn 'Ie, ond sut newid ydech chi am ei weld?' Wrth ystyried y dasg a osodwyd i ni ar drothwy pen-blwydd y Gymdeithas yn 60, tybiaf mai'r cwestiwn y mae gofyn inni ei ateb ydi 'Sut Gymru ydech chi am weld yn y dyfodol, a beth fydd lle'r Gymraeg yn y Gymru honno?' Mi rof gynnig ar ateb y cwestiwn dyrys hwnnw.

Os caf ddechrau gyda Saunders Lewis, un o Gymry mawr yr ugeinfed ganrif yn ddi-os. Wnes i ddim clywed ei ddarlith radio enwog, ond wrth gwrs mi ddarllenais grynodeb a dyfyniadau o'r hyn a ddywedodd yn fuan wedyn. A rhai blynyddoedd yn ddiweddarach, pan oedd Sain yn awyddus i gyhoeddi'r ddarlith fel record feinyl, sylweddolwyd, er dirfawr siom a syndod i bawb, nad oedd y BBC wedi cadw copi ohoni! Wedi holi hwn a holi'r llall, clywsom fod yr hynod (a'r diweddar ysywaeth) Feddyg Dafydd Alun Jones wedi cadw copi ohoni a recordiwyd ganddo oddi ar ei set radio, a honno a ddefnyddiwyd i wneud y 'master' ar gyfer y record. Diolch i Dafydd Alun a chwmni Sain felly fod gennym recordiad o'r ddarlith hanesyddol, ac rwy'n hynod falch imi gael rhan fach yn hynny, ac yn falch hefyd fod yr arlunydd o Fôn, Jac Jones, wedi llunio un o'i bortreadau mwyaf cofiadwy fel clawr i'r LP.

Mi fyddai Cymdeithas yr Iaith wedi dod i fodolaeth hyd yn oed pe na bai Saunders Lewis wedi derbyn gwahoddiad y BBC i draddodi ei ddarlith radio, ond darlith *Tynged yr Iaith* a osododd y cyd-destun ar gyfer sefydlu mudiad radical i ymgyrchu dros y Gymraeg. Roedd unrhyw un oedd yn fyfyriwr yn Aberystwyth ar ddechrau'r chwedegau, os oedd ganddo a chanddi rithyn o ddiddordeb yn y pethe, yn gallu synhwyro fod rhywbeth mawr ar droed. Roedd y teulu Beasley yn Llangennech wedi cynnau'r ffiws, ac yr oedd pobol fel Alwyn D. Rees, Dr. Tudur Jones a'r Athro J. R. Jones yn gefnogwyr ac ysbrydolwyr parod a huawdl, yn ogystal â Saunders ei hun. Os rhywbeth, yr oedd Alwyn Rees fel golygydd *Barn* a Tudur Jones fel colofnydd *Y Cymro* a Gwilym R. fel golygydd *Y Faner* yn gefnogwyr a'u traed yn gadarnach ar y ddaear a'u clust yn nes at y bobl, tra gwisgai Saunders a J. R. glogyn megis proffwydi'r Hen Destament. A hynny sydd i gyfri i raddau pam i Saunders gloffi'n arw wrth broffwydo tranc buan y Gymraeg fel iaith fyw.

Ond onid bodolaeth ac ymgyrchoedd y Gymdeithas a lwyddodd i osgoi gwireddu proffwydoliaeth Saunders am dranc y Gymraeg erbyn dechrau'r ganrif hon? Ie, i raddau, ond i raddau'n unig. Roedd rhaid newid agwedd meddwl y Cymry – a'r Awdurdodau (gan ddefnyddio'r gair hwnnw am leng o gyrff ac unigolion mewn grym ac awdurdod) – tuag at yr iaith, a dyw hynny ddim yn digwydd heb gythrwfl a chynhyrfu'r dyfroedd. Un ymateb cynnar i ymgyrchoedd mwy ymosodol y Gymdeithas oedd 'Ryden ni'n cytuno â'ch nod, ond yn anghytuno â'ch dulliau,' sef yr union ymateb a welir heddiw i weithredoedd Gwrthryfel Difodiant, ond y ffaith syml yw na welwn ni newid agwedd sylweddol heb weithredoedd uniongyrchol, pa mor anghyfforddus bynnag fyddan nhw. Yn ddi-os, mae ymgyrchoedd y Gymdeithas wedi peri i bobl Cymru newid eu hagwedd, ac wedi gorfodi'r pleidiau gwleidyddol i feithrin polisïau o blaid y Gymraeg, ond fel gyda'r argyfwng newid hinsawdd, yr hyn sy'n mynd i ennill y dydd yn y pen draw yw i bobl newid eu ffordd o fyw. Ac yng nghyd-destun yr iaith, dewis ei siarad a'i defnyddio ar bob achlysur posib yw ystyr hynny. A hynny yw'r dasg enfawr sy'n ein hwynebu o hyd.

O'r cannoedd o ieithoedd a ddiflannodd ar hyd a lled y byd, a'r cannoedd sy'n parhau dan fygythiad (a rhaid cynnwys y Gymraeg ymhlith y rhain) – gallwn ddweud gyda chryn hyder na fydd y Gymraeg fyth yn iaith farw tra bod pobl yn dal i fyw ar ddaear Cymru, ond mi all ddarfod fel iaith naturiol gymunedol. Does dim rhaid bod yn arbenigwr ar gymdeithaseg iaith na'r un wyddor arall erbyn hyn i wybod bod yna gyswllt agos rhwng cymuned fyw ac iaith fyw (yr hyn a alwai'r Athro J. R. Jones yn 'gydymdreiddiad iaith a thir'). A'i roi yn syml, i roi bywyd llawn i iaith, rhaid iddi gael ei defnyddio'n naturiol gan bobl yn eu cymuned, ac i hynny ddigwydd, rhaid i'r siaradwyr Cymraeg fod yn y mwyafrif yn y gymuned honno. Mae'n dilyn yn naturiol felly fod angen cynllunio ar gyfer hyn yn fwriadol ofalus, gyda golwg ar dai, gwaith ac adnoddau cymdeithasol o bob math.

Mae hyn yn cael ei gydnabod i raddau gan yr Awdurdodau, ond cyndyn iawn yw'r llywodraeth, a'r mwyafrif llethol o awdurdodau lleol, i weithredu polisïau cynllunio a thai cadarn ac eglur. Wedi dweud hynny, rhaid cydnabod nad yw'n dasg hawdd: pe gofynnech i chwech o bobl wahanol a fyddai codi stad o ddeg o dai yn eu pentre Cymraeg yn hwb neu'n rhwystr i'r iaith, fe gaech sawl ateb gwahanol. Mae'r rheswm dros hynny yn eithaf amlwg – byddai codi deg o dai yn y Bontnewydd yn debygol o ddod â theuluoedd ifanc Cymraeg i'r ardal, tra byddai codi deg o dai yn Llanbedrog, dyweder, yn debygol iawn o ddenu teuluoedd Saesneg eu hiaith i'r pentre. Ac felly mae angen rheoli, ac mae angen mecanweithiau fel Amod 106 i gyfyngu rhai tai i bobl 'leol' – gan gydnabod na all hynny bob amser sicrhau bod 'lleol' yn gyfystyr â 'Chymraeg'. Dyna pam mae'r symudiad presennol dros ehangu'r syniad a arloeswyd – yn llawer rhy ddiniwed – gan Gynllun Gwynedd a Môn, sef y syniad o greu 'marchnad leol' i dai newydd, yn gorfod bod yn rhan o'r ateb. Nid un ateb sydd i'r broblem ddyrys hon, a does yna'r un ateb syml, ond yn fy marn i mae angen llawer mwy o bwerau ar Gynghorau Sir – y nhw ddylai bennu – yn flynyddol os oes raid – beth yn union yw anghenion tai eu hardaloedd, a'u gorfodi i roi caniatâd cynllunio yn unol â'r angen hwnnw yn unig. Ond o dan y gyfundrefn gyfalafol sydd ohoni, cytunaf â Chymdeithas yr Iaith mai Deddf Eiddo fyddai'r ateb delfrydol, ond y mae hynny'n edrych yn bosibilrwydd pell iawn ar hyn o bryd.

Tra'n bod yn gobeithio felly fod y don newydd o ymgyrchu am gyfiawnder ym maes cartrefi a thai yn mynd i ddwyn ffrwyth yn fuan, gan arwain at weithredu – a deddfu – cadarn gan Lywodraeth Cymru, rhaid hefyd wrth gydweithredu ar raddfa eang. Ac os ydym am lwyddo i wedd-newid y sefyllfa, rhaid tynnu pawb i mewn i geisio atebion, yn Gymdeithasau a Chwmnïau Tai Cymdeithasol, yn gwmnïau adeiladu, yn Gynghorau Sir a Pharciau Cenedlaethol, yn enwadau crefyddol a chyrff elusennol, yn grwpiau cymunedol, yn ogystal â'r llywodraeth wrth gwrs. Ond yn y cyfamser, mae rhywbeth diddorol iawn yn digwydd – ac o bosib mai dyma fydd craidd yr ateb yn y pen draw. A hynny yw bod Cymry Cymraeg yn 'pleidleisio gyda'u traed', os caf ddefnyddio'r ymadrodd treuliedig hwnnw. Hynny yw, mae'r gair yn mynd ar led – yn answyddogol ac anffurfiol felly fod y pentre a'r pentre, neu'r dref a'r dref, neu ardal arbennig o fewn tref neu ddinas – yn gymuned Gymraeg ifanc, fywiog sy'n ffynnu, ac yn lle cyffrous i fyw ynddo. A'r duedd naturiol wedyn yw i Gymry Cymraeg geisio cartrefu yn y mannau hynny, ac wrth i'r Cymry ymroli ac ymestyn eu dylanwad, mae tueddiad i rai sydd ddim yn awyddus i fod yn rhan o gymuned Gymraeg gadw draw, a thuedd i'r rhai sy'n awyddus i ddysgu neu wella'u Cymraeg gael eu denu i mewn.

Mae hon yn broses ddigon naturiol ac organaidd, ac nid codi muriau o'u hamgylch yw'r canlyniad ond sefydlu, neu gryfhau, neu weithiau ail-sefydlu cymuned Gymraeg naturiol ffyniannus. Ac os gellir cyfuno'r symudiad hwn gyda chynlluniau cymunedol eraill, i brynu neu ddatblygu cyfleusterau cymunedol fel tafarn er enghraifft, yna mae'r posibiliadau yn ddi-ben-draw. O feddwl yn ôl at ddechreuadau Cymdeithas yr Iaith, roedd dewis lle i fyw yn uchel ym meddyliau llawer ohonom fel aelodau cynnar. Symudodd nifer ohonom o Gaerdydd, er enghraifft, er mwyn dechrau cartref, ac weithiau, sefydlu busnes bychan, mewn ardal Gymraeg. Mae gwir angen mynd yn ôl at egwyddorion fel hyn, a cheisio gwyrdroi'r llif cyson (os nad cynyddol) i Gaerdydd, ac yn wir, synhwyraf fod y broses eisoes yn magu adenydd newydd wrth i'r argyfwng tai haf a gwyliau a gweithio-o-gartref gynyddu. Grwpiau cymunedol gwirfoddol, yn codi'n naturiol o'r gymuned ei hun fydd sail y chwyldro hwn, ond wrth reswm, gall cefnogaeth y llywodraeth – yn lleol a chenedlaethol – a chyrff fel y Mentrau Iaith, hefyd fod yn allweddol. Ond o'r gwraidd, nid o'r brig, y daw'r twf.

'Cymuned o gymunedau yw Cymru' oedd un o hoff ddywediadau Gwynfor Evans, ac er gwaetha'r chwyldro digidol a'r globaleiddio, mae'n dal i fod yn wir. Ar ei waethaf, gall y pwyslais ar y gymuned leol fod yn blwyfoldeb digon syrffedus, ond ar ei orau, mae'n nodwedd sy'n rhoi gwytnwch rhyfeddol i'r Gymraeg a'r diwylliant Cymraeg. Diolch i gefnogaeth y llywodraeth drwy'r Cyngor Llyfrau, mae ffyniant y byd cyhoeddi Cymraeg yn un o wyrthiau'r oes, a chylchgronau fel *Golwg*, *Barn* a'r *Cymro* yn rhoi llais a llwyfan i'r bywyd Cymraeg, ond cynulleidfa gyfyngedig sydd iddyn nhw. Elfen bwysicaf y wasg Gymraeg ar lawer cyfri – ac yn sicr o safbwynt nifer y darllenwyr – yw'r papurau bro, ac un o'n cylchgronau praffaf erbyn hyn yw'r *Faner Newydd*, sy'n gwbl annibynnol, ac yn cael ei gynnal gan y darllenwyr.

Er bod y cyfnod ers datganoli wedi gweld cynnydd mawr mewn pleidiau a mudiadau cenedlatholgar, diflannu megis cicaion Jonah fu hanes y mwyafrif, a thri mudiad sy'n ymgyrchu o blaid yr iaith yn 'wleidyddol' erbyn hyn, sef

Synhwyro fod rhywbeth mawr ar droed

Cymdeithas yr Iaith, Dyfodol yr Iaith a Chylch yr Iaith, a'r tri yn gwneud cyfraniad pwysig yn eu ffyrdd gwahanol. Ond cryfder yr ymgyrch dros yr iaith yn y dyfodol yn fy marn i fydd y grwpiau cymunedol sy'n cyfuno nod 'wleidyddol' gyda gweithgarwch dros y gymuned leol, yn economaidd ac yn gymdeithasol. Roedd yn dda gweld Cymdeithas yr Iaith yn ddiweddar yn trefnu rali dorfol yn Nhryweryn ar fater cartrefi, ond cryfder y rali oedd y gwaith a wneir, a'r ysbryd a grëir, gan grwpiau lleol yn Llŷn a Sir Benfro yn codi o brofiad ac angen a dyhead lleol. Yn y gweithgarwch cymunedol hwn y mae ein prif obaith. Clywais yn ddiweddar am Henaduriaeth Eglwys Bresbyteraidd Cymru yn argymell i gapel sy'n wynebu cael ei gau i geisio am stafell yn y dafarn leol sydd newydd gael ei phrynu gan y gymuned. Haleliwia!

Ond rhag imi ymddangos fel breuddwydiwr gor-obeithiol yn fy henaint, rhaid cydnabod un ffaith nad yw'n gorwedd yn rhy gyfforddus gyda rhai Cymry. O dderbyn fod y frwydr dros yr iaith yn cyrraedd cyfnod tyngedfennol, a'r broses o ennill siaradwyr newydd yn mynd rhagddi'n fwyfwy llwyddiannus i bob golwg, mae'n rhaid inni dderbyn y caswir y bydd rhai ardaloedd a fu'n 'gadarnleoedd' yr iaith yn rhwym o gael eu colli. Ac yma dwi'n dychwelyd at y ddadl a ddefnyddiais yn ystod y frwydr dros ad-drefnu addysg yng Ngwynedd yn 2008. Os ydym am greu canolfannau Cymraeg hyfyw a gwydn a modern i'r dyfodol, rhaid crynhoi ein hadnoddau mewn rhai canolfannau cryfion, yn hytrach na cheisio gwasgaru adnoddau prin dros ardal ry eang. Mae'r egwyddor hon yn berthnasol iawn i'r Gymru wledig, ond mae hi yr un mor berthnasol wrth gynllunio dyfodol hyfyw i'r iaith Gymraeg. Ac nid mater o golli'r 'Fro Gymraeg' yw hyn, ond ei hail-greu fel rhwydwaith o gymunedau deinamig, hyderus a chreadigol a fydd yn asgwrn cefn i'r Gymru Newydd, ac yn goron ar y wyrth a gychwynnwyd 60 mlynedd yn ôl o achub un o ieithoedd mawr y byd.

Ras gyfnewid dros y Gymraeg

FFRED FFRANSIS

DWI'N COFIO EISTEDD mewn cell yng ngharchar Pentonville yng ngwanwyn 1970, a throi yn fy meddwl ddigwyddiadau'r pedair blynedd ers i mi ddod yn aelod gweithredol o Gymdeithas yr Iaith, a dod i'r casgliad y byddai penllanw'r chwyldro yng Nghymru'n digwydd tua 1978. Byddai rhai pobl yn ceisio ein dal yn ôl, gan ddadlau nad oedd y sefyllfa'n aeddfed ar gyfer chwyldro fel y gwnaeth Comiwnyddion Ffrainc yn 1968, ond byddem yn llwyddiannus oherwydd y byddai pobl Cymru'n gwrthod cydweithredu bellach mewn trefn Brydeinig, a sefydlu'n hytrach wladwriaeth rydd Gymreig a'r Gymraeg yn brif iaith ganddi.

Roedden ni yn y carchar fel dinasyddion y Gymru newydd, ac yn llawenhau mewn pob cyfle i ddangos ysbryd rhyddid, ac ym mhob cam a gymerai'r Awdurdodau Prydeinig yn ein herbyn – gan fod hyn yn dilysu'n hachos. Onid oedd Dr Phil Williams wedi dweud wrthyf mai'r ffordd o ennill rhyddid oedd gweithredu fel petaech chi eisoes yn rhydd? Onid oedd cewri fel Martin Luther King a Ghandi wedi dangos nad oes gan y Sefydliad amddiffyniad yn erbyn grym di-drais? Onid oedd ein ffydd yn mynnu fod ein gobaith yn seiliedig ar gyfiawnder, nid ar ddadansoddiad o'r pwerau yn ein herbyn?

Ac nid fi yn unig a deimlai'r dyhead. Mor wych oedd bod yn rhan o gymdeithas a gefnogai'i gilydd, annog ein gilydd, cario beichiau'n gilydd. Siawns fod ein buddugoliaeth yn sicr, ddim ond i ni lynu wrth feddylfryd a dulliau gweithredu oedd yn deilwng i gyfiawnder ein hachos – ein bod yn estyn allan at bawb, ein bod yn cario prif faich y frwydr ein hunain yn lle peri dioddef i eraill a'n bod yn llawenhau, yn wir chwerthin, trwy'r cyfan. Teimlwn yn reddfol nad pledio safbwynt gwleidyddol yn unig oeddwn – ond byw bywyd. Un cyfanwaith oedd gwleidyddiaeth a gwaith, ffydd a gweithredoedd. Yr unig nerfusrwydd rhag siarad allan yn gwbl eglur oedd ofn rhag hunan-gyfiawnder – nes i mi ddod i ddeall yn iawn mai dibynnu ar gyfiawnder Crist y byddem, nid ar ein cyfiawnder ffaeledig iawn ein hunain, diolch byth.

Ond nid aelodau o Gymdeithas yr Iaith yn unig a deimlent yn ôl yng ngwanwyn 1970 ein bod ar drothwy chwyldro yng Nghymru. Cefais fy symud i garchar Abertawe ar gyfer yr Achos Cynllwyn yn y Brawdlys. Tra roedd nifer yn y Sefydliad Gymraeg yn feirniadol, dywedodd rhai cyd-garcharorion (di-Gymraeg o ardal Abertawe) wrtha'i eu bod hwythau'n credu fod chwyldro ar ddigwydd yng Nghymru. Roedd yn amlwg eu bod yn eithaf edrych mlaen at hynny – gan feddwl nad oedd y drefn bresennol wedi bod ryw lawer o les iddyn nhw. Dysgais i lawer am bwy allai fod ein cynghreiriaid a phwy fyddai'n wrthwynebwyr mewn chwyldro, ac nid y rhai disgwyliedig o reidrwydd.

Aeth y carchariadau'n hirach a bu cannoedd tu fewn i gelloedd a datblygodd ymgyrchoedd newydd. Daeth ffenomenon newydd – daeth trai yn ogystal â llanw. Daethom i arfer â llanw a thrai ar ein mordaith. Bu 1978 yn nodedig ac achos cynllwyn mast Blaenplwyf yn Llys y Goron Caerfyrddin ond ni ddaeth chwyldro cenedlaethol ar ffurf y chwyldroadau clasurol yn y llyfrau gwleidyddol y bues i'n eu darllen yn y carchar. Cyn canol y saithdegau, roeddwn i wedi diwygio fy safbwynt gan ragweld na fyddai'r chwyldro Cymreig di-drais yn dilyn patrwm clasurol ond yn hytrach yn cychwyn fel chwyldro mewn ymwybyddiaeth (y Gymraeg yn ennill statws swyddogol), ac ymlaen at chwyldro diwylliannol (addysg a darlledu a diwylliant ieuenctid), ac ymlaen at chwyldro cymdeithasol-economaidd (tai, cynllunio, adfywio economaidd), ac mai dim ond wedyn y byddai'n pobl yn mynnu cael chwyldro gwleidyddol o ran gwladwriaeth annibynnol, grym i awdurdodau lleol, a lle ymysg teulu cenhedloedd y byd. Bob cam o'r ffordd, dylai'r Gymraeg fod yn hanfodol i'r broses.

Ac eto, doeddwn i dal ddim wedi adeiladu 'llanw a thrai' i mewn i'r model. Fe ddois i ddeall mai ffordd yw rhyddid yn hytrach na model. Erbyn yr wythdegau, daeth yn amlwg na allai Cymdeithas yr Iaith ar ei phen ei hun gyflawni'r fath newid cymdeithasol-economaidd a gwleidyddol yng Nghymru ag oedd ei hangen. Blwyddyn allweddol fu 1984 wrth i ni gydweithio ag amaethwyr llaeth a'r glowyr a oedd hefyd yn ymgyrchu dros ddyfodol eu cymunedau. Dwn i'm pa mor agos fuon ni dros sefydlu ffrynt radicalaidd yng Nghymru, ond sathrodd y Blaid Lafur ar derfyn streic y glowyr ar symudiad o'r fath, gan fynnu mai trwy lywodraeth Lafur yn Llundain y deuai cyfiawnder i Gymru.

Yn y dyddiau cythryblus hyn, bu ymgais i greu hollt rhyngom a'n cefndryd Celtaidd a bu'r Gymdeithas yn ddewr yn dal yn gadarn ochr yn ochr â Sinn Fein. Daeth hollt mwy difrifol rhwng y Gymdeithas a'r Sefydliad Cymraeg wrth i'r Torïaid wneud ymdrech hy i brynu eu teyrngarwch trwy roi iddynt reolaeth dros eu byd bach Cymraeg eu hunain – arian i'r Steddfod, tro pedol ac arian i S4C, arian i rywfaint o ysgolion Cymraeg ar gyfer eu plant, i gyd ar yr amod na fyddent yn cynhyrfu'r dyfroedd o ran yr economi a'r drefn wleidyddol. Cychwynnodd yr wythdegau gyda'r Cymry Cymraeg yr unig garfan i guro Thatcher (brwydr y sianel deledu Gymraeg) ond gorffennodd gyda chyfran helaeth o arweinwyr y byd Cymraeg yn cydweithio gyda'r Torïaid.

Ar droad y ddegawd, bu llanw mawr yn ymgyrchoedd y Gymdeithas gyda ralïau enfawr dros Ddeddf Eiddo a chharchariadau, ac eto nid enillwyd ond mân gonsesiynau a bu'n rhaid aros 30 mlynedd arall tan eleni am gynnydd go iawn.

Ras gyfnewid dros y Gymraeg

Bu ralïau enfawr dros Deddf Iaith newydd, ac eto siomedig fu'r Ddeddf. A chwalwyd y Pwyllgor Datblygu Cymraeg a enillwyd, a rhoi ei gyfrifoldeb i Fwrdd yr Iaith a oedd, ar y pryd, dan reolaeth Swyddfa Gymreig y llywodraeth Dorïaidd. Trodd maniffesto Cymdeithas yr Iaith 1992 o ganlyniad at fynnu grym gwleidyddol i Gymru fel dull o adfywio'r Gymraeg – yn gyntaf trwy fod y Gymdeithas yn ymgyrchu dros drefn addysg rydd i Gymru, ac yna trwy ymgyrchu dros bleidlais 'Ie' yn refferendwm 1997. O ystyried yr amheuaeth a grëwyd yn y gogledd a'r gorllewin am 'reolaeth o Gaerdydd', gellid dadlau i ymyrraeth y Gymdeithas – gyda thaith gerdded trwy'r wlad o blaid pleidlais 'Ie' – fod yn allweddol yn y canlyniad agos iawn. Ymgyrchwyd wedyn dros sicrhau mai'r Gymraeg oedd iaith Cynulliad Cenedlaethol Cymru.

Ac eto, chwyldro go dlawd oedd fod Cymru'n ennill 'Cynulliad' Cenedlaethol a rhyw statws i'r Gymraeg ynddi. Ni wireddwyd y freuddwyd yn y gell yng Ngwanwyn 1970 am chwyldro 'traddodiadol'. Ac eto, ni wireddwyd chwaith ofn Saunders Lewis o 1962 y gallai'r Gymraeg fod yn farw fel iaith fyw yn gynnar yn y ganrif newydd.

Parhaodd y llanw a'r trai trwy ddegawd cyntaf y ganrif newydd. Sefydlwyd Cymuned – fel Adfer gynt – yn alwad ar y Gymdeithas yn bennaf i roi mwy o sylw i ddyfodol ein cymunedau lleol a bu degau o frwydrau lleol yn erbyn datblygiadau tai anaddas, dros gynnal ysgolion a gwasanaethau cymunedol. Collwyd rhai, enillwyd rhai ond trwy'r cyfan daeth y Gymraeg yn iaith brwydro yn lleol a chodwyd ymwybyddiaeth o bwysigrwydd brwydrau lleol gan mai 'cymuned o gymunedau' yw Cymru ein gwlad (ys dywedodd Gwynfor). Roedd gan Gymry Cymraeg a chefnogwyr yr iaith berthynas ryfedd gyda Chymdeithas yr Iaith. Ran amlaf, gadawyd i'r cnewyllyn fynd ymlaen â'r gwaith ond, pan oedd argyfwng penodol roedd pawb yn falch fod y Gymdeithas ar gael ac yn dod allan yn eu miloedd i gefnogi. Pan wnaeth y llywodraeth Dorïaidd newydd yn San Steffan yn 2010 fygwth dyfodol S4C, daeth miloedd allan at rali'r Gymdeithas a chefnogi gweithredoedd uniongyrchol yn yr ymgyrch. Ailadroddwyd hanes a gorfodwyd llywodraeth Geidwadol newydd i dynnu'n ôl ei bygythiad i'r sianel deledu Gymraeg. Ond yn union fel yn 1980-82, gadawyd y frwydr gennym wedi ei hanner ennill. Sicrhawyd rhyw fath o ddiogelwch i sianel deledu Gymraeg, ond eto nid enillwyd rheolaeth ar ddarlledu yng Nghymru (sef nod gan y Gymdeithas ers y llyfryn darlledu gwreiddiol yn 1970).

Erbyn hyn yr oedd Cymdeithas yr Iaith yn 50 oed, yn ganol oed ar ei ffordd tuag at 2062! Heb chwyldroi Cymru, ond heb ei threchu chwaith. Crynhowyd y sefyllfa orau ym maniffesto 2012 50 mlwyddiant Cymdeithas yr Iaith yn dwyn yr enw *Tynged yr Iaith 2*. Thesis y maniffesto oedd bod gweithredu chwyldroadol dros hanner can mlynedd wedi sicrhau na wireddwyd ofn gwreiddiol Saunders Lewis y byddai'r Gymraeg yn marw fel iaith fyw. Yn hytrach diogelwyd dyfodol y Gymraeg. Y cwestiwn nawr oedd, ac mae hyn yn dal yn wir, 'Pa fath o ddyfodol i'r Gymraeg – dyfodol fel iaith lleiafrif mewn sectorau cyfyngedig, neu ddyfodol fel iaith gymunedol fyw y gellid ei defnyddio ym mhob agwedd ar fywyd?' Gosodwyd y cwestiwn a maes y frwydr am yr ail hanner canrif hyd at 2062.

Daeth datblygiadau cyflym. Mewn ail refferendwm, enillodd Senedd Cymru rymoedd deddfu ac felly daeth Bae Caerdydd yn llawer mwy o ffocws ymgyrchu. Efallai, fel yn achos Cymuned, prif ganlyniad sefydlu'r mudiad newydd Dyfodol oedd annog y Gymdeithas i lobïo Senedd Cymru'n fwy effeithiol. Y flwyddyn ganlynol, cyhoeddwyd canlyniadau cyfrifiad 2011 a'r cwymp yng nghanran siaradwyr Cymraeg yn achos braw, yn enwedig yn Sir Gâr. Unwaith eto, daeth y miloedd allan i ralïau'r Gymdeithas a magwyd agwedd benderfynol newydd ac yn yr hinsawdd newydd, cafwyd camau syfrdanol ymlaen o ran agwedd llywodraeth ganolog at y Gymraeg, ac o ran llawer o awdurdodau lleol.

Cyhoeddodd y Gymdeithas faniffesto 'byw', a chywir yw'r enw gan fod crynhoi'r 3 maes a fydd yn allweddol i ddyfodol yr iaith am y degawdau i ddod – er y bydd yr union destunau yn y meysydd yn datblygu wrth gwrs. Yn gyntaf rhaid cynyddu'n gyson nifer y siaradwyr Cymraeg. Yn ail rhaid sicrhau fod modd defnyddio'r Gymraeg ym mhob rhan o fywyd a bod diwylliant Cymraeg bywiog. Yn drydydd rhaid datblygu cymunedau Cymraeg cynaliadwy. Bydd yr union destunau a brwydrau'n newid, ond dyma fydd y tri maes tan a heibio 2062.

Defnyddiwyd y nod o 'Miliwn o Siaradwyr' fel arwydd o newid seicolegol gan symud o feddylfryd dirywiad i feddylfryd fod y Gymraeg ar gynnydd. Llwyddwyd i ledu'r ymwybyddiaeth hon gymaint hyd nes bod y nod yn cael ei gysylltu fwyaf bellach gyda Llywodraeth Cymru na chyda Chymdeithas yr Iaith! Mae ymwybyddiaeth gynyddol fod y Gymraeg yn perthyn i'r genedl gyfan, nid i garfan arbennig ac awydd cynyddol gan bobl i ddefnyddio'r Gymraeg sydd gyda nhw. Yn y cyswllt hwn, llwyddiant mawr fu tanseilio holl syniad sarhaus dysgu'r Gymraeg i blant Cymru fel 'ail iaith' a sefydlu cysyniad fod pob dysgwr ar gontinwwm tuag at fod yn siaradwr Cymraeg. Mae'r llywodraeth newydd ymrwymo i gyflwyno Deddf Addysg Gymraeg.

Yn ystod y ddegawd ddiwethaf, bu cynnydd hefyd yn yr ail nod o sicrhau fod y Gymraeg yn gallu cael ei defnyddio ym mhob rhan o fywyd wrth fod 'Safonau Iaith' yn cael eu hestyn trwy'r sector cyhoeddus. Mae'n amlwg fod lle i frwydro'n galed yn y maes hwn yn ystod y ddegawd nesaf. Bydd angen sicrhau nad yw'r sector preifat yn cael rhagfarnu'n erbyn y Gymraeg yn union fel y mae'n rhaid i gwmnïau preifat barchu hawliau gweithwyr, cwsmeriaid a'u cyfrifoldebau at yr amgylchedd. Hyd yn oed yn y sector cyhoeddus, rhaid i ni sicrhau symudiad i ffwrdd o feddylfryd 'Bae Caerdydd' sy'n rhagdybio mai Saesneg yw'r norm, ond bod angen cynyddu 'cyfleon' i ddefnyddio'r Gymraeg. Yma yn Sir Gâr, newidiwyd y nod o gynyddu nifer y siaradwyr a'r defnydd o'r Gymraeg i 'wneud y Gymraeg yn brif iaith y sir' a dehongli hynny ym mhob maes o weithgarwch. Mae maes degawdau o frwydro yma.

Hanner can mlynedd yn ôl, yr oedd y frwydr am sianel deledu Gymraeg yn ei hanterth. Weles i ddim o 1972 ond tu fewn i waliau carchar. Nid brwydr dros *deledu* fel y cyfryw oedd hon, ond brwydr dros sicrhau fod y Gymraeg yn ganolog i bob cyfrwng cyfathrebu cyfoes fel y datblyga. Enghraifft o hyn yw'r ymgyrch gyfredol dros Fenter Ddigidol Gymraeg. Bydd yr egwyddor yn aros trwy'r degawdau, ond bydd yr union feysydd gweithredu'n newid yn gyflym.

Yn ôl ym maniffesto *Tynged yr Iaith 2* yn 2012, datganwyd yn hy mai 'Dyfodol y Gymraeg yw Dyfodol ein Cymunedau'. Dyna adleisio galwad o faniffesto 1982 'Cymunedau Rhydd, nid Marchnad Rydd'. Fodd bynnag, yn dilyn cyhoeddi canlyniadau Cyfrifiad 2011 a'r cwymp yn nifer a chanran y siaradwyr Cymraeg, ac yn dilyn cyhoeddi nod o ffigwr o filiwn o siaradwyr, trodd y sylw yn fwy at gynyddu nifer yr unigolion sy'n siarad y Gymraeg a'u defnydd nhw o'r iaith fel unigolion. Ar ddechrau trydedd ddegawd y ganrif 'newydd' y mae sylw yn troi yn ôl at achub a chynyddu nifer cymunedau Cymraeg cynaliadwy.

Mae'r miloedd wedi dychwelyd eto i ralïau 'Nid yw Cymru ar Werth' ac ymdeimlad fod angen setlo problem y farchnad dai a adawyd yn rhy aml yn y gorffennol. O ganlyniad i alw cynyddol am ail gartrefi yn dilyn Brexit, i alw cynyddol am brynu tai fel llety gwyliau o ganlyniad i ddefnydd cynyddol llogi llety gwyliau ar-lein trwy Airbnb, i alw am gartrefi gan bobl gyfoethocach sydd am ffoi i'r 'wlad' yn dilyn y pandemig, mae pwysau enfawr ar y farchnad dai a chyfran fawr o'n pobl yn methu cael hyd i dai – i'w prynu na'u rhentu – yn eu bröydd eu hunain. Y tro hwn, bydd raid i ni beidio ag ymfodloni ar gamau lliniaru o ran rheolau trethi a chynllunio. Rhaid i ni fynnu Deddf Eiddo gyflawn a fydd yn disodli goruchafiaeth y farchnad sy'n dosbarthu tai yn ôl cyfoeth a chreu trefn o gymhelliant a marchnad leol a fydd yn gweld mwyafrif ein stoc tai, a datblygiadau newydd, fel asedau cymdeithasol (yn hytrach na masnachol) i ddarparu cartrefi i bobl.

Yn gyfochrog bydd angen newidiadau mewn systemau cynllunio i ffafrio cymunedau cynaliadwy dros fuddiannau datblygwyr ac estyn yr un egwyddor at feysydd fel trafnidiaeth, amaeth, twristiaeth a datblygu cymunedol. Mae 'Astudiaethau Effaith' ar y Gymraeg wedi mynd yn gymaint o ddiwydiant â chyfieithu. Yn hytrach na dadansoddi effaith polisïau economaidd, trafnidiaeth, cynllunio ac amaeth ar yr iaith a chymunedau Cymraeg, dylai 'cynnal cymunedau cynaliadwy' fod yn un o amcanion sylfaenol y polisïau hyn o'r cyfnod ffurfiannol ymlaen – dyna egwyddor 'Cymdeithasiaeth' a fu'n un o seiliau polisi'r Gymdeithas ers dros 40 mlynedd bellach. Y gwir yw y bydd angen chwyldro mewn unedau polisi llywodraeth ganolog a lleol a chyrff sector cyhoeddus a phreifat i weithredu hyn, a datblygiad buan methodoleg eglur i weithredu'r egwyddor.

A dyna sy'n aml ym meddyliau ymgyrchwyr dros y Gymraeg – 'Gresyn na wnaethom ni ddim llwyddo i gyflawni hyn oll 40 mlynedd yn ôl – mae bellach yn ras yn erbyn amser.' Pwy sydd ar fai ein bod ni gymaint ar ei hôl hi? Llywodraeth estron? Ein llywodraethwyr a'n cynghorwyr ein hunain? Pobl ddifater? Nage. Yn ôl egwyddor y grym di-drais, mae prif faich cyfrifoldeb bob amser arnon ni sy'n gweld yr angen. Pa werth beio eraill sy heb fod mor ymwybodol o'r angen? Dwi'n cofio dweud ryw 15 mlynedd yn ôl, wrth dderbyn y fraint o siarad ar raglen *Beti a'i Phobl* mai'r prif beth a gyflawnwyd yw ein bod wedi sicrhau fod y Gymraeg yn fyw, gan roi felly gyfle i'r genhedlaeth nesaf ddatblygu ac ailddehongli'r frwydr yng nghyd-destun amgylchiadau eu hoes a'u dealltwriaeth ohonynt. Y gwir yw mai cyfle a sefyllfa anodd yr ydym yn ei throsglwyddo i'r genhedlaeth nesaf. Gallasem ni fod wedi gwneud eu gorchwyl gymaint yn haws.

Fy neges felly i gyfoedion (a chyfoedion agos!) yw fod cyfrifoldeb arnon ni i ddal ati tra bo anadl gan ein bod ni wedi gadael cymaint o waith anorffenedig. A'm neges i ymgyrchwyr iau yw mai chwi sydd biau'r frwydr a'ch brwdfrydedd chi fydd yn gallu gwneud yn iawn am fethiannau'n cenhedlaeth ni. Ond fyddwch chi ddim ar eich pennau eich hunain. Amlygiad lleol sydd gyda ni ar frwydr fyd-eang yn erbyn grymoedd a chorfforaethau sy'n tanseilio cynefin naturiol a diwylliannol a rhyddid pobloedd ledled y byd. Sefwch gydag ymgyrchwyr ledled y byd. Argyhoeddwch Lywodraeth Cymru y gall osod esiampl i'r byd trwy sicrhau cyfiawnder yn ein gwlad ni.

Mae miloedd lawer sy'n rhannu ein delfrydau – yr allwedd fydd cael hyd i ddulliau gweithredu i roi pawb ar waith mewn ton fawr weithredol.

Y chwyldro troellog

WYNFFORD JAMES

BWRW GOLWG DROS siwrne bersonol a wnaf yn yr ysgrif hon gan gydnabod ar y dechrau mai taith gyda llu o bobl eraill fu'r daith honno. Mae unrhyw fudiad wedi'r cyfan mor dda â'r bobl a wnaeth ei gefnogi, boed yn dawel, wrth gefn neu fel ambell un ohonom yn fwy llafar. Fy mwriad felly yw ceisio tynnu oddi ar y profiad hwnnw gyda rhai argraffiadau gan obeithio y gall hynny fod o fudd wrth edrych tua'r dyfodol.

Disgybl yn Ysgol Ramadeg y Bechgyn Caerfyrddin oeddwn i yn 1969 yn ystod helynt yr Arwisgo. Roedd bwrlwm mewn gwahanol ardaloedd i ddathlu'r achlysur gan gynnwys trigolion fy ardal ym mhentref Felingwm, Sir Gaerfyrddin. Galwyd cyfarfod cyhoeddus i drefnu'r dathliadau a dyna pryd yr euthum i'r cyfarfod yn llawn hyder i wrthwynebu'r trefniadau. Cynigais y dylid anwybyddu'r digwyddiad yn llwyr ond bu mudandod wedi imi ddweud fy marn ac ni chafwyd neb i eilio fy nghais. Doedd dim i'w wneud ond cerdded allan o'r neuadd felly. Bu ychydig yn fwy o gynnwrf yn yr ysgol wrth i griw bach ohonom drefnu deiseb i wrthwynebu mynd i groesawu'r Tywysog ar ei daith drwy Gaerfyrddin yn dilyn yr Arwisgiad a bu gwrthwynebiad tebyg yn Ysgol Ramadeg y Merched ac un o'r protestwyr hynny oedd Menna Elfyn, un a ddaeth yn ddiweddarach yn gymar imi.

Y prynhawn cyn i'r Tywysog ddod i Gaerfyrddin, cefais fy ngwysio gan y Prifathro i fod yn bresennol yn yr ysgol y diwrnod canlynol lle y cefais fy ngwarchod gan yr athro Saesneg.

Deallais ei fod â chryn gydymdeimlad â'm gwrthwynebiad, a'r unig un arall a wrthododd fynd oedd y diweddar Gareth Pierce, un a wnaeth gyfraniad clodwiw i addysg yng Nghymru ac yn rhyfedd iawn buom yn cydweithio flynyddoedd wedyn tra oedden ni'n weision sifil gyda gwleidyddion Senedd Cymru ar gychwyn eu taith wrth greu strwythurau democratiaeth newydd yng Nghymru.

Codi cwestiynau a wnaeth yr Arwisgo ym meddylfryd, neu ddiffyg meddylfryd, rhai am Gymru fel y tystiwyd yn Felingwm. Agorwyd y drws ar drafodaeth ehangach am safle Cymru a'i pherthynas â gweddill 'Prydain'. Mae elfen o eironi yn y ffaith imi ddeugain mlynedd yn ddiweddarach arwain ar waith datblygu brand i gynlluniau'r Tywysog ym Mynyddoedd y Cambria. Gydag Arwisgiad hwyrach, eto ar y gorwel, tybed beth ddylai ein hymateb fod y tro hwn? Er i'r Alban goleddu'r cysylltiad â'r frenhiniaeth, go brin fod yna le i'r frenhiniaeth o fewn Cymru annibynnol ac efallai mai ethol Arlywydd fel ag a wneir yn Iwerddon yw'r llwybr i Gymru gan gofio cyfraniad euraid rhai fel Mary Robinson a'r bardd Michael D. Higgins.

Erbyn dechrau'r saithdegau felly, yr oeddwn yn fyfyriwr llawn amser mewn sawl coleg: o Abertawe i Brifysgol Caerdydd ac yna i Aberystwyth. Aeth fy sylw yn bennaf yn ystod y flwyddyn olaf honno ar ymgyrchoedd ac roedd yn fwy cofiadwy fel blwyddyn dwysáu yr ymgyrchu dros ddarlledu a'r sianel Gymraeg ac yna'r Achos Cynllwynio a oedd yn benllanw'r digwyddiadau hynny.

Wrth edrych yn ôl, sylweddolaf imi dreulio llawn gymaint o amser yn ymgyrchu ag a wnes gyda'r astudiaethau academaidd. Ar un achlysur, bu'n rhaid imi esbonio i'm darlithydd (Gwleidyddiaeth!) pam yr oeddwn yn absennol am fis cyfan ar ddechrau'r flwyddyn. Prin y disgwyliodd glywed i mi golli ei ddarlithoedd oherwydd i mi gael fy nghaethiwo yng ngharchar Caerdydd am y mis hwnnw. Er hynny, daeth cyfnod wedyn o ddarllen dwys, a bu astudio Cymdeithaseg a Gwleidyddiaeth fel gradd, ac Astudiaethau Busnes cyn hynny

Y chwyldro troellog

o ddefnydd dirfawr mewn sawl ffordd yn y blynyddoedd wedi hynny.

Roedd yr ymgyrch arwyddion yn gam hollbwysig i ddatblygu'r 'meddylfryd' Cymreig a Chymraeg a'r ymgyrch honno a hawliodd fy sylw yn ystod blynyddoedd cyntaf y saithdegau. Ein nod syml oedd hyrwyddo'r Gymraeg yn iaith weladwy a fyddai'n ymddangos yn gyfartal i'r arwyddion Saesneg hynny gan ddileu ei hisraddoldeb. O'r peintio i'r symud a malu, llwyddwyd i ennill y frwydr gyda chefnogaeth boblogaidd a gynyddodd gyda'r achosion llys ledled Cymru. Er i'r ymgyrch arwain at achos gynllwynio yn erbyn arweinwyr y Gymdeithas, yn y pen draw, enillwyd y frwydr honno dros arwyddion dwyieithog. A dyna'r hwb mwyaf oedd ei angen er mwyn parhau â'r egwyddor o gael y Gymraeg yn iaith llys a Senedd (bellach) yn ogystal ag yn iaith cartref, gwaith a busnes.

Wrth ennill yr ymgyrch dros arwyddion dwyieithog, arweiniodd hyn at bosibiliadau eraill yn maes statws yr iaith Gymraeg. Heb yr elfennau hynny, ni fyddai'r statws a roddwyd i'r Gymraeg wedi esblygu na'r deddfau iaith, Bwrdd yr Iaith, nac ychwaith y Comisiynydd wedi eu sefydlu. Rhwydd yw anghofio pwysigrwydd ac arwyddocâd ennill y statws hollbwysig a gweladwy i'r Gymraeg ledled Cymru. Ac i'r Gymdeithas y mae'r diolch am hynny: am ddyfalbarhau, am bwyso a mesur ymgyrchoedd, am ddoethineb y pen ac angerdd y galon ac am gynllunio ac ie, efallai gynllwynio i wneud y Gymraeg yn iaith hyfyw. Mae'n wir dweud hefyd ei bod hi'n anodd meddwl am fy ymwneud â'r Gymdeithas heb gydnabod egni ac ymroddiad Ffred Ffransis a benodwyd yn 1970 yn ysgrifennydd llawn amser cyntaf y Gymdeithas, a ninnau'n cydweithio unwaith eto gyda'n gilydd yn Sir Gaerfyrddin ar Fforwm Iaith y Sir.

Wedi'r Achos Cynllwynio yn 1971 yn Abertawe a gynhaliwyd o ganlyniad i'r ymgyrch arwyddion, aeth saith mlynedd heibio cyn i minnau ymddangos ger bron Llys y Goron, Caerfyrddin am gynllwynio yn yr ymgyrch ddarlledu. Ond teg yw amlinellu'r hyn a arweiniodd at yr achos hwnnw a'r ffaith i'r syniad o Sianel Gymraeg gael ei wyntyllu mor bell yn ôl â 1959. Ni ddaeth llawer o bwyso fodd bynnag tan 1968, pan arwyddwyd deiseb gan ddeng mil o enwau yn gofyn am welliant sylweddol yn y gwasanaeth darlledu. Er hynny, distaw oedd yr ymateb o du'r awdurdodau ac felly o ganlyniad i benderfyniad gan gyfarfod Cyffredinol y Gymdeithas, pasiwyd cynnig i drefnu ymgyrch gyda'r nod o ddarparu a rhoi i wylwyr a gwrandawyr yng Nghymru wasanaeth cyflawn Cymreig a Chymraeg.

Gellid dweud i'r saithdegau gael eu nodweddu gan brotestiadau torfol, amrywiol, yn weithredoedd anghyfansoddiadol mentrus a dyfeisgar a arweiniai yn aml at dorcyfraith. Teg yw nodi i hyn gydweddu gyda'r math o anufudd-dod sifil a oedd ar led yn America: o'r hawliau sifil i bobl dduon, gwrthwynebiad i'r rhyfel yn Fietnam a gweithredoedd eraill gwrth-sefydliadol. Roedd yr ymgyrch dros y Gymraeg i mi yn rhan o'r un ymgyrch dros degwch a dyna pam yr ymunais â sawl protest hefyd dros yr hawliau hynny.

Gyda'r achos ddarlledu, penderfynwyd ar dri mis o weithredu dwys o Ionawr hyd at Fawrth 1973, a bu dros gant o aelodau'r Gymdeithas yn rhan o'r gweithredoedd hynny, a phob un weithred o'r mwyaf pitw i'r un fwy heriol yn cynyddu'r pwysau am ymateb i'r cais am Sianel Deledu Gymraeg.

Er y cynnydd mewn cefnogaeth dawel neu fel arall, y dacteg o oedi, a gohirio penderfyniad a wnaeth y Llywodraeth er i adroddiad y Llywodraeth ei hun ar ddarlledu argymell clustnodi'r bedwaredd sianel yng Nghymru ar gyfer gwasanaeth ar wahân, gyda blaenoriaeth i raglenni Cymraeg. Oherwydd yr arafwch, penderfynwyd unwaith eto ailgydio yn yr ymgyrchu ac ar Chwefror y 7fed 1974, gwnaethpwyd difrod i orsaf Drosglwyddo Blaenplwyf ger Aberystwyth, ond y tro hwn yn lle derbyn cyfrifoldeb fel y gwnâi pob aelod o'r Gymdeithas a weithredai, penderfynwyd derbyn cyfrifoldeb fel Senedd gyfan. Fel Cadeirydd y Gymdeithas a chyn hynny yn

Y chwyldro troellog

arweinydd y grŵp darlledu a luniodd y tri mis o weithredu, nid syndod felly oedd i mi gael fy arestio a'm cyhuddo (gyda Rhodri Williams) o gynllwynio, ac er yr holl holi a chroesholi mae enwau'r rhai a fu'n gyfrifol am y weithred yn parhau yn gyfrinach hyd heddiw.

Un o nodweddion diddorol yr achos yng Nghaerfyrddin oedd y ffaith i'r rheithgor fethu â chytuno y tro cyntaf ar ddyfarniad. Nid felly oedd hi pan gynhaliwyd yr ail achos gyda'r rheithgor oll â chyfenwau Saesneg. Bu cryn drafod wedi hynny gan rai a gredai hwyrach y bu ymyrraeth er mwyn sicrhau dyfarniad cadarnhaol o 'euog'. Anodd gwybod a oedd yna rai ar y rheithgor y tro cyntaf a oedd yn gefnogol neu beidio ond pan adawais y llys wedi'r achos cyntaf yng nghwmni fy nghymar Menna Elfyn a oedd yn disgwyl ein plentyn cyntaf, Fflur Dafydd, fe wnaeth un o'r rheithgor ddymuno'n dda inni!

Bu'r chwe mis a gefais yn ddedfryd yng ngharchar Abertawe yn un diddorol gan imi fod yno yn ystod cyfnod y Refferendwm 1979, a'm swydd oedd gweini ar y swyddogion yn y stafell de. Ac wrth wrando arnynt yn trafod a dadlau, bron y gallwn synhwyro'r canlyniad. Yno hefyd y cefais y cyfweliad rhyfeddaf gan Gwmni Sain gyda neb llai na Dafydd Iwan, Huw Jones a Hefin Elis ar un ochr o'r bwrdd i mi, a finnau ar yr ochr arall gyda swyddog carchar yn fy ymyl rhag imi, mae'n debyg, gynllwynio i ddianc. A do, cefais y swydd a threulio blwyddyn neu ddwy yn teithio de Cymru fel gwerthwr ar eu rhan gan deimlo balchder o weld y Gymraeg ar ffurf gerddorol yn cael ei derbyn mewn siopau mawrion yn ogystal â'r siopau disgwyliedig Cymraeg.

Bu'n rhaid wrth weithredu pellach gan gynnwys cyfraniad allweddol Gwynfor Evans cyn sefydlu'r sianel. Er dycnwch Cymdeithas yr Iaith dros gyfnod llethol a thaer, hwyrach na dderbyniodd y gydnabyddiaeth oedd yn ddyledus iddi am ei dyfalbarhad. Teg nodi, er hynny, yr hyn na lwyddwyd i'w gyflawni fel rhan o'r ymgyrch sef Awdurdod Darlledu Annibynnol i Gymru. Yn ei hanfod, bellach, mae'r sianel ynghlwm wrth y BBC. Corfforaeth Darlledu Brydeinig wedi'r cyfan yw a chyda'r cydbwysedd gwleidyddol obsesiynol diweddaraf, mae yna le i bryderu am ei dyfodol gyda llais annibynnol Gymreig.

Mae'n debyg mai cael fy mhenodi yn bennaeth Antur Teifi ar ddechrau'r wythdegau a wnaeth wireddu fy nghred ym mhwysigrwydd tai a gwaith i gadw'r iaith. 'Society man appointed to top job' oedd pennawd y *Tivy Side* ar y pryd. Sefydlwyd Antur Teifi gan grŵp o unigolion yn Nyffryn Teifi i edrych ar ffyrdd o wella y lefel uchel o ddiweithdra a diboblogi yn yr ardal ac effaith hynny ar gynaliadwyedd y gymuned a'r iaith Gymraeg. Roeddwn wedi hir ddadlau fod dyfodol yr ardaloedd Cymraeg ddibynnu ar ei sylfaen economaidd. Adlewyrchwyd hyn hefyd gan niferoedd o ymgyrchoedd 'bara a chaws' gan Gymdeithas yr Iaith 'er diogelu seiliau economaidd cymunedau Cymru'.

Bu'r Antur yn flaengar mewn nifer o feysydd megis amaeth, bwyd a thechnoleg gan sbarduno patrymau o weithredu i gyrff cenedlaethol. Sefydlwyd yr Asiantaeth Gyfieithu Trosol, a gwelwyd sefydlu Cwmni Golwg yn Nyffryn Teifi. Ceisiwyd asio'r berthynas rhwng iaith ac economi yn ystyriaeth ganolog i'r gwaith a chreu deinameg i fentro. Un o'r anawsterau weithiau oedd bod yna groesdynnu rhwng yr hyn oedd yn gwella sefyllfa'r Gymraeg a'r hyn oedd yn rhwystro ei chynnydd. Mae'n wir cydnabod na roesom y sylw dyledus i'r berthynas rhwng iaith ac economi gan mai yn anad dim arall y newidiadau hynny a arweiniodd at ddirywiad yr iaith yn y bröydd Cymraeg. Bu'r allfudo ar y naill law a'r mewnfudo ar y llaw arall gan drigolion di-Gymraeg yn heriol tu hwnt, ac yn sialens sy'n parhau heb bolisïau cynhwysfawr i ymateb i'r heriau.

Er na fûm yn wrthdystiwr ymarferol yn ystod dau ddegawd olaf y ganrif ddiwethaf, roeddwn yn awyddus i beidio â beirniadu dulliau'r to newydd fel y tueddai rhai o'm cyd-ymgyrchwyr yn y blynyddoedd cynt. Aeth ambell un mor bell â honni nad oedd gan y Gymdeithas yr adnoddau deallusol angenrheidiol! Mor ffôl oedd credu hyn gan y profwyd dro ar ôl tro hyd at heddiw, ei bod yn fwy nag abl i arwain a chreu momentwm gwleidyddol sy'n gydnaws â'i chyfnod.

Yn sicr, yn anad yr un mudiad ymgyrchol arall, bu dylanwad Cymdeithas yr Iaith yn un helaeth, a'i dylanwad hefyd ar feddyliau Cymru a'r Gymraeg yn un anferthol. Fel y dywedodd Dafydd Iwan yn 1974, 'nid ei mân lwyddiannau sy'n bwysig ond yr effaith a gafodd ar feddyliau Cymru'. Go wahanol, greda i, fyddai'r ddeialog ym mhentref Felingwm heddiw â'r un honno na chafwyd yn 1969. Hwyrach i'r Gymdeithas wneud yr hyn y cyfaddefodd Saunders Lewis iddo fethu â'i wneud sef 'newid cwrs hanes Cymru' o ryw ychydig. Rhaid ychwanegu na fyddai'r sefyllfa wedi newid dim oni bai am Saunders a'i weledigaeth dywyll ond dadlennol am y Gymraeg.

Ac mor wahanol hefyd oedd canlyniad yr ail refferendwm, gan sefydlu'r Cynulliad Cenedlaethol sydd bellach yn Senedd. Braf oedd bod yn Gyfarwyddwr ym maes y sector Amaeth a Bwyd o fewn y WDA, sef yr union faes sydd mor bwysig i'r bröydd gwledig Cymreig a Chymraeg ac yn parhau felly hyd heddiw. Sector sydd dan straen yw ac yn wynebu heriau newydd yn y blynyddoedd sydd i ddod. Ond erbyn i mi ymgymryd â'r swydd yr oedd cydnabyddiaeth i'r iaith Gymraeg a statws cyfartal llawn i'r Gymraeg gan holl gyfundrefnau a gwasanaethau'r Cynulliad. Er ni ellir dweud hynny am y drefn yn fewnol. Daeth newid ond fel y nodwyd mewn dogfen ar gyfer y Cynulliad Cenedlaethol yn 1998, gan y Gymdeithas, 'parhau i fod yn ddigon brau a bregus y mae sefyllfa'r Gymraeg ond does dim byd yn anorfod am dranc y Gymraeg'.

A dyna ble ry'n ni arni heddiw. Er i Gymdeithas yr Iaith greu ac arwain chwyldro troellog ers 1962, a'r daith y bûm yn falch o gerdded ar ei llwybrau am ryw hyd, credaf fod angen y Gymdeithas arnom yn fwy nag erioed gan gymaint yr angen sydd i'w wneud eto i atgyfnerthu sylfaen economaidd ein cymunedau ynghyd â sicrhau statws llawn i'r Gymraeg ym mhob cwr o'r wlad ac ym mhob elfen o fywyd Cymru.

Yng nghyfarfod cyffredinol Cymdeithas yr Iaith yn 1980, pasiwyd cynnig a gyflwynais a oedd yn argymell y dylid paratoi Maniffesto newydd i'w gyhoeddi yn 1982. Gwelwyd ymgorffori egwyddorion Cymdeithasiaeth yn Maniffesto 1982 sef yr egwyddor o asio'r cymdeithasol a'r economaidd: datganoli, democratiaeth gyfranogol, cydweithrediad, a gwerthoedd cymdeithasol. Mae'r egwyddorion hynny yn parhau ac o'r pwys mwyaf ynghyd â'r egwyddorion i ymgiprys ar frys gyda'r bygythiadau ynghylch newid hinsawdd.

Wrth i'r Gymdeithas ddathlu 60 mlynedd o ymgyrchu a chyhoeddi Maniffesto newydd, mae angen clywed llais a chyffro'r genhedlaeth fydd yn ein tywys tuag at y dyfodol llewyrchus.

Ymwybyddiaeth, diddordeb, hyder, ewyllys

STEVE EAVES

CEISIO 'RHAGWELD SUT y bydd pethau yn 2062, a beth ddylai ein blaenoriaethau fod dros y deugain mlynedd nesaf' – dyna oedd cais y Golygydd. Gofyniad heriol iawn. Mor anodd yw ceisio darogan sut le fydd Cymru ymhen deugain mlynedd, ac mor anodd dewis blaenoriaethau ymgyrchu'r Gymdeithas wrth iddi ymateb i amgylchiadau fydd yn newid yn barhaus yn y cyfamser!

Bydd y darllenydd eisoes yn ymwybodol o'r heriau lluosog a'r bygythiadau sy'n wynebu'r Gymraeg. Ar un olwg mae pob un o ymgyrchoedd y Gymdeithas yr un mor bwysig â'i gilydd wrth geisio ymateb i'r holl heriau. Mae pob ymgyrch yn ddarn hanfodol bwysig yn y jig-so i gynnal ac adfywio'r iaith – addysg Gymraeg a Chymreig a dysgu hanes Cymru; unioni'r prinder cyfryngau torfol Cymreig a Chymraeg; mynd i'r afael â heriau'r 'dyfodol digidol' ac effeithiau'r newidiadau – nas deallwn yn dda eto – yn y moddau y mae bodau dynol yn cyfathrebu â'i gilydd. Bydd rhaid hefyd gwarchod ac ychwanegu at yr hawliau i ddefnyddio'r Gymraeg wrth dderbyn gwasanaethau. Bydd cyfranwyr eraill yn gallu ysgrifennu'n fwy gwybodus na mi am faint o'r gloch ydi hi ar ymgyrchoedd cyfredol y Gymdeithas yn y meysydd hyn.

Ar flaen ein meddyliau ni oll ers tipyn y mae'r ymgyrch daer sy'n ceisio ymateb i'r argyfwng a achosir gan anghyfartaledd y farchnad tai ac eiddo. Rydym yn ymwybodol iawn hefyd o'r modd y mae gorddibyniaeth ar dwristiaeth yn dwysáu ac yn ychwanegu at yr anghyfartaledd hwnnw mewn cymaint o ardaloedd a fu'n gadarnleoedd y Gymraeg hyd yn ddiweddar. Mae'r ymgyrch i wrthsefyll y tueddiadau hyn yn un sy'n gofyn am ddadansoddiad treiddgar ac atebion cynhwysfawr, a rhaid dwyn pwysau ar Lywodraeth Cymru, awdurdodau lleol a sefydliadau eraill yn ddi-baid i fynd i'r afael â nhw mewn modd ystyrlon ac effeithiol. Gobeithio, erbyn 2062, y byddwn wedi llwyddo i sicrhau rheolaeth gymdeithasol-gyfrifol dros argaeledd tai a thir i bobl leol, a hyfywedd bywyd cymunedol. Mae hon yn ymgyrch dros barhad cynefinoedd croesawus, clyd a ffafriol i'r arferiad cymdeithasol o siarad Cymraeg. Ac oni cheir y maen i'r wal yn yr ymgyrch hon, mae'n anodd dychmygu sut y gall unrhyw 'gymunedau Cymraeg' yn yr ystyr draddodiadol, diriogaethol, fod ar ôl erbyn 2062. A fydd yna gymunedau lle cawn fynd â'n plant a'n hwyrion am dro, gan ddisgwyl y cânt glywed a siarad Cymraeg yn naturiol fel iaith ddiofyn, a chael gwên yn ôl ac ymateb cyfeillgar yn Gymraeg?

Ond rwyf am droi at faes arall yn yr ysgrif yma – gan hoelio sylw ar fater cyd-destunol sy'n greiddiol bwysig i ddyfodol y Gymraeg, ond sydd heb gael cymaint â hynny o sylw, ac na fu digon o drafod arno. Wrth ystyried 'sut y bydd pethau yn 2062, a beth ddylai ein blaenoriaethau fod dros y deugain mlynedd nesaf?' credaf fod yr atebion yn dibynnu i raddau helaeth ar sut rydym yn ymateb i gwestiwn mawr arall y dylid ei ofyn, sef sut mae meithrin ymhlith llawer iawn mwy o bobl Cymru yr ymwybyddiaeth, y diddordeb, yr hyder a'r ewyllys i fabwysiadu agweddau ac arferion a fydd yn diogelu dyfodol yr iaith?

Ystyriwn faint yr her sydd y tu ôl i'r cwestiwn hwn. Er mwyn ceisio gwell dyfodol i'r Gymraeg, mae ymgyrchwyr iaith, cynllunwyr iaith a strategaethau iaith Llywodraeth Cymru fel ei gilydd yn anelu at greu cynnydd yn niferoedd a chanrannau siaradwyr Cymraeg, a chynnydd yn y defnydd o'r Gymraeg mewn cymdeithas. Mae dwy brif ffordd i gynyddu nifer a chanran y siaradwyr Cymraeg. Ceir consenws ymhlith ieithyddion mai'r dull cadarnaf yw trwy drosglwyddo'r Gymraeg i blant ar yr aelwyd. Ond dengys cyfrifiad ar ôl cyfrifiad nad yw cyfraddau trosglwyddo'r Gymraeg i blant ar yr aelwyd yn ddigonol i gynnal hyfywedd y Gymraeg yn yr hirdymor. Dyna pam mae polisi cyhoeddus ar y Gymraeg (ac ieithoedd lleiafrifol eraill) yn rhoi cymaint o bwyslais ar yr ail ffordd i gaffael yr iaith, sef drwy'r system addysg. Mae Strategaeth Addysg Cyfrwng Cymraeg Llywodraeth Cymru yn anelu at gynyddu addysg Gymraeg ar bob lefel – meithrin, cynradd, uwchradd, addysg bellach, addysg uwch, ac addysg i oedolion. Pa fodd bynnag y mae unigolion yn caffael yr iaith, boed ar yr aelwyd, neu drwy addysg, rhaid wrth ddull a modd i gynnal y caffaeliad wedyn drwy sicrhau cyfleoedd i'w defnyddio – mewn rhwydweithiau a sefyllfaoedd teuluol, cymdeithasol, cymunedol, proffesiynol, gweithgareddau hamdden ac yn y blaen.

Mae'r ddwy brif ffordd yma i drosglwyddo'r iaith – ar yr aelwyd, ac/neu drwy addysg – yn gofyn am ddiddordeb, cydsyniad a phenderfyniad unigolion i'w throsglwyddo, a hyder wrth iddynt ddewis gwneud hynny. Ac i'r diben hwnnw, rhaid i unigolion wrth ymwybyddiaeth, gwybodaeth, ac ymdeimlad positif ynghylch budd a gwerth y Gymraeg, a'r ewyllys o'u rhan nhw i gyfrannu at wireddu'r nod hwnnw. Yn anffodus, ar hyn o bryd nid oes ymwybyddiaeth na diddordeb ar raddfa ddigon eang ymhlith pobl Cymru ynghylch y nod, na chwaith yr ewyllys, y cymhelliad na'r dymuniad i'w gyrraedd. Dyna'r argraff gref a gefais ar ôl trafod y Gymraeg a dwyieithrwydd dros y degawdau diwethaf gyda niferoedd mawr o unigolion a grwpiau sy'n gweithio i gyrff cyhoeddus ar hyd a lled Cymru. Ac er mwyn canfod faint o sail wironeddol oedd i'r argraff gref honno penderfynais ymchwilio ymhellach.

Fel rhan o brosiect ymchwil a gwblhawyd gennyf yn 2015, cefais gyfleoedd i gasglu cryn lawer o dystiolaeth am faint o wybodaeth ac ymwybyddiaeth ieithyddol oedd gan sampl sylweddol o 354 o weithwyr o fewn y sector cyhoeddus yng Nghymru. Dros gyfnod o dair blynedd a hanner (2010 -13), bûm yn holi drwy holiadur oedolion a fu'n bresennol mewn 'sesiynau hyfforddiant ymwybyddiaeth iaith' a drefnwyd gan bump corff cyhoeddus i'w staff. Roedd y swyddogion hyn i gyd yn byw yng Nghymru ac yn gweithio i gyrff a weithredai Gynlluniau Iaith Gymraeg ar y pryd, felly roedd yn ddyletswydd arnynt ddarparu gwasanaethau o safon gyfartal yn Gymraeg a Saesneg wrth wasanaethu'r cyhoedd. Roeddent yn swyddogion ar bob lefel ar draws yr holl ystod o swyddi mewn cyrff cyhoeddus, o'r bôn i'r brig. Roedd y sesiynau'n orfodol i'r swyddogion hyn i gyd, felly roedd y grwpiau'n cynnwys swyddogion Cymraeg yn ogystal â rhai di-Gymraeg fel ei gilydd.

Yn yr holiadur dwyieithog, gofynnais ddau gwestiwn am eu gwybodaeth flaenorol o'r Gymraeg. Dyma grynodeb o rai canfyddiadau:

1: Cyn heddiw a gawsoch unrhyw hyfforddiant arall i gyflwyno gwybodaeth am yr iaith Gymraeg ichi? Os felly, pa fath o hyfforddiant, a pha bryd?[1]

- Mewn 10% o'r atebion i'r cwestiwn yma mynegwyd bod atebwyr wedi derbyn gwybodaeth am yr iaith drwy ddilyn cwrs dysgu Cymraeg neu gwrs gloywi ryw dro.
- Cyfeiriodd 8% o'r atebion at dderbyn gwybodaeth am yr iaith drwy hyfforddiant sefydlu staff ('rhaglen anwytho') gan eu cyflogwr.
- 6.6% yn unig o'r atebion gyfeiriodd at dderbyn gwybodaeth am yr iaith drwy 'hyfforddiant' yn yr ysgol, mewn gwersi Cymraeg, gwersi hanes neu wersi eraill.
- Yn fwyaf arwyddocaol, mewn 50% o'r atebion mynegwyd nad oedd unrhyw wybodaeth flaenorol am yr iaith wedi ei derbyn *drwy gyfrwng hyfforddiant o ryw fath*.

---

[1] Fersiwn Saesneg y cwestiwn hwn oedd: *Prior to today have you received any other training to present information on the Welsh language to you? If so, what kind of training, and when?*

2. *Ar wahân i unrhyw hyfforddiant a gawsoch, a oes unrhyw wybodaeth arall am yr iaith Gymraeg wedi ei chyflwyno ichi o'r blaen, un ai yn y gwaith neu'r tu allan i'r gwaith? Os felly, nodwch pa fath o wybodaeth, a pha bryd.*[2]

- Mae'n arwyddocaol cyn lleied o atebwyr gyfeiriodd at dderbyn gwybodaeth am y Gymraeg drwy'r cyfryngau torfol. Hyd yn oed wrth grynhoi gyda'i gilydd atebion a gyfeiriodd at dderbyn gwybodaeth o'r teledu, y radio, y wasg a'r we, ni chynrychiola'r clwstwr hwn o atebion ond 2.2% o'r holl atebion i gwestiwn 2.
- Mewn 8% yn unig o'r atebion nodwyd bod atebwyr wedi derbyn 'gwybodaeth am yr iaith' yn yr ysgol (ond, o ystyried geiriad y cwestiwn, ymddengys nad oedd hyn yn cael ei ystyried ganddynt yn 'hyfforddiant'/ 'training').
- Ffactor arall sy'n brin yn yr atebion i gwestiwn 2 yw unrhyw gyfeiriadau at wybodaeth a gawsai'r atebwyr gan brif gyrff cynllunio ieithyddol y wladwriaeth a'u prosiectau. 2.7% yn unig o'r atebion a gofnododd fod atebwyr wedi derbyn 'gwybodaeth brintiedig (e.e. taflenni)' am y Gymraeg. Ond ni chyfeiriodd yr un atebydd yn benodol at dderbyn deunyddiau o'r fath gan Fwrdd yr Iaith Gymraeg, Cynulliad Cenedlaethol Cymru / Llywodraeth Cymru na Chomisiynydd y Gymraeg, nac at strategaethau iaith y Llywodraeth chwaith. Ac ni chyfeiriodd neb yn benodol chwaith at y Mentrau Iaith na Chymdeithas yr Iaith na phleidiau gwleidyddol fel ffynonellau gwybodaeth a gawsent am y Gymraeg. Mae'n bwysig nodi serch hynny *nad* yw'r atebion hyn yn golygu o reidrwydd fod y gwahanol gyrff yma *heb* lwyddo i drosglwyddo gwybodaeth iddynt. Ond mac'n awgrymu yn hytrach nad yw unrhyw gyfathrebu gan y cyrff hyn am yr iaith wedi gwneud digon o argraff arnynt i ddod i feddwl yr atebwyr wrth iddynt ddarllen y cwestiwn ac ymateb iddo.

---

[2] Fersiwn Saesneg y cwestiwn hwn oedd: *Apart from any training received, has any information on the Welsh language been presented to you previously, either at work or outside work? If so, please indicate what kind of information, and when.*

- Cyfeiriodd 24% o'r atebion at wybodaeth a gafwyd ar ffurf arweiniad ar sut i weithredu'r Cynllun Iaith. Ond er y ganran gymharol uchel yma, gwyddom o holi ymhellach ac o brofiad mai cyfarwyddiadau ymarferol ar sut i weithredu'n ddwyieithog oedd y mathau hyn o wybodaeth yn bennaf – e.e. sut i ateb y ffôn yn ddwyieithog, sut i drefnu cyfarfod dwyieithog, dylunio ffurflenni dwyieithog ac yn y blaen – nid gwybodaeth sylweddol am yr iaith ei hun.
- Yn arwyddocaol, nodwyd mewn 27% o'r atebion nad oedd yr atebwyr wedi derbyn unrhyw wybodaeth am yr iaith ar wahân i'r mathau o hyfforddiant a ddisgrifiwyd wrth ymateb i gwestiwn 1.

Mae'n bwysig nodi eto *nad* yw'r atebion hyn yn cadarnhau o reidrwydd fod yr atebwyr *heb* dderbyn mwy o wybodaeth mewn gwirionedd, ac o fwy o ffynonellau, nag a gofnodwyd ganddynt. Ond mae'n arwyddocaol fod yr atebion hyn yn cofnodi *eu canfyddiad* eu hunain – wrth iddynt ateb y cwestiynau yn dilyn sesiwn ymwybyddiaeth – o'r wybodaeth a gawsent yn flaenorol.

O graffu'n fanwl ar holl atebion y 354 o atebwyr i 11 cwestiwn i gyd, gwelwyd mai prin eithriadol oedd y rhai yn eu plith a oedd wedi derbyn lefelau uchel neu ganolig o ymwybyddiaeth a gwybodaeth am y Gymraeg – yn ôl eu canfyddiad eu hunain. Gwybodaeth arwynebol a bylchog iawn gawsai'r mwyafrif yn flaenorol, yn eu tyb nhw. At hyn, roedd eu hatebion yn awgrymu'n gryf fod y mathau o wybodaeth a gawsent am y Gymraeg yn y gorffennol heb wneud fawr o argraff barhaol na dylanwadu'n gryf ar y mwyafrif helaeth ohonynt. Ac wrth drafod ar lafar yn y sesiynau, daeth yn amlwg hefyd mai lleiafrif bach oedd ag unrhyw fathau o gysylltiad bwriadus â'r Gymraeg neu unrhyw ymwneud gweithredol â hi y tu hwnt i'r defnydd sefydliadol o'r Gymraeg ar ran eu cyflogwyr. Ymhlith y grŵp bach hwn, mae'n debyg mai'r mathau mwyaf cyffredin o gyswllt â'r Gymraeg y tu allan i'w gwaith oedd trwy eu hymwneud ag addysg eu plant / hwyrion / wyresau, a thrwy eu cyswllt ag aelodau teulu, gyda nifer fach iawn yn unig o'r sampl yn magu eu plant yn Gymraeg.

Mae'n arwyddocaol fod lefelau eu gwybodaeth am y Gymraeg, a lefelau eu hymwneud â disgwrs am y Gymraeg, cyn ised ymhlith y sampl hon o weithlu Cymru. Cofiwn mai dyma'r union sector lle mae defnydd y Gymraeg wedi ei sefydlogi drwy fesurau statudol dros y chwarter canrif diwethaf. Hwn yw'r sector sy'n ymwneud fwyaf â'r Gymraeg mewn gweithleoedd a gwasanaethau, a gellid tybio felly mai hwn yw'r sector, o blith holl weithlu Cymru, sydd fwyaf gwybodus am y Gymraeg. Mae'n rhesymol casglu o hyn felly fod lefelau gwybodaeth ac ymwybyddiaeth hyd yn oed yn is ymhlith carfannau eraill o weithlu Cymru, lle nad oes polisïau dwyieithrwydd na Chynlluniau Iaith / Safonau Iaith ar waith, a hefyd ymhlith gweddill y boblogaeth yn gyffredinol.

Anodd osgoi'r casgliad fod hon yn sylfaen ofnadwy o sigledig a gwantan iawn ar gyfer adeiladu arni'r cynnydd y mae polisi cyhoeddus – a'r Gymdeithas – yn anelu ato. Sut mae cymell unigolion sy'n lled anwybodus am y Gymraeg, ac sydd heb gyswllt byw â hi, i wneud dewisiadau cadarnhaol o'i phlaid, gan arddel 'yr ymwybyddiaeth, y diddordeb, yr hyder a'r ewyllys i fabwysiadu arferion ac agweddau fydd yn diogelu dyfodol yr iaith'? Sut y gellir camu ymlaen o'r sefyllfa a ddisgrifir uchod i gyrraedd 'miliwn o siaradwyr Cymraeg erbyn 2050'?

Mae trafodaeth o'r fath yn ein harwain at faes cymhleth a heriol iawn, sef newid agweddau a newid ymddygiad. Yn ôl yr hanesydd John Davies yn ei gyfrol *Hanes Cymru*, nodwedd bwysig o hanes yr iaith oedd bod sefyllfa fwy ffafriol y Saesneg dros y canrifoedd a manteision siarad Saesneg wedi esgor ar 'agweddau fyddai'n peryglu dyfodol y Gymraeg'. Mae'n arwyddocaol ei fod yn nodi pwysiced fyddai *agweddau* pobl wrth gyfrannu at ffyniant neu ddirywiad yr iaith. Fel y gwyddom, mae hanes y Gymraeg wedi arwain at sefyllfa lle mae *agweddau* anffafriol yn ogystal ag *ymddygiadau* anffafriol tuag ati ddoe a heddiw wedi prysuro gostyngiad yn niferoedd a chanrannau ei siaradwyr. Am y rheswm hwn, rhoddai Bwrdd yr Iaith Gymraeg gynt gryn bwyslais ar newid agweddau – gan ragdybio y byddai hynny'n gam cyntaf tuag at newid ymddygiadau ieithyddol a meithrin ymddygiadau newydd a fyddai'n atal neu wyrdroi'r tueddiadau hanesyddol negyddol. Ond fel y dengys y corff helaeth o ysgolheictod ac ymchwil ym maes seicoleg ymddygiadol yn gwbl glir, nid yw *newid agweddau* yn sicr o arwain at *newid ymddygiad*. Er enghraifft, er bod arolygon barn yn dangos yn gyson fod canran uchel iawn o bobl Cymru yn mynegi agweddau cefnogol a chadarnhaol tuag at y Gymraeg, nid yw'r *agweddau* cefnogol hynny wedi arwain at *ymddygiad* cadarnhaol o'i phlaid ar raddfa gymesur. Nid yw agwedd gefnogol miloedd lawer o'i chefnogwyr wedi eu harwain i wneud penderfyniadau ar raddfa gymesur i ddysgu Cymraeg, neu siarad Cymraeg, neu fagu eu plant yn Gymraeg, neu ddewis addysg Gymraeg neu ddwyieithog i'w plant – er inni weld cynnydd sylweddol yn y niferoedd sy'n gwneud y pethau hyn.

Ond er y berthynas gymhleth rhwng agweddau ac ymddygiad, mae'n hysbys fod yr agweddau a goleddwn yn gallu chwarae rhyw ran o leiaf mewn dylanwadu ar ein harferion ieithyddol. Yn ogystal â'r agweddau a goleddwn, y mae llawer iawn o ddylanwadau eraill ar ein dewisiadau. Yn eu plith, mae iaith y cartref, arferion ieithyddol y teulu ehangach, y gymuned, ein rhwydweithiau cymdeithasol, a'r gweithle, a pha brofiadau blaenorol a gawsom o'r iaith. Hefyd, gall ein hyder a'n canfyddiad o'n gallu ieithyddol ein hunain yn Gymraeg ddylanwadu arnom, ac ar ba mor gyfforddus rydym ni i ymwneud â hi i raddau mwy. Ac yn waelodol i'r cyfan mae ein gwerthoedd sylfaenol; ein byd-olwg a'r mathau o gymdeithasoliad a gawsom; a faint o 'fudd cymdeithasol' a 'budd economaidd' a gysylltwn â'r arfer o ddefnyddio'r Gymraeg. Mi all y ffactorau hyn i gyd ddylanwadu arnom pan wnawn ddewisiadau sydd â goblygiadau ieithyddol yn ystod ein bywydau. Mae'r dewisiadau hyn yn cynnwys dewis cymar a chynnal perthynas; dewis iaith magu plant; dewis ysgol feithrin neu *play group* ar eu cyfer, a dewis ysgolion wedyn. Mae penderfynu ble y byddwn yn byw hefyd yn effeithio ar amlder ein cyswllt neu ddiffyg cyswllt wyneb yn wyneb â siaradwyr Cymraeg a dysgwyr. Ac i'r rhai sy'n mewnfudo i Gymru, gallan nhw hefyd ddewis sut i ymateb i bresenoldeb y Gymraeg. Gellir adnabod ystod eang iawn o ddewisiadau ieithyddol o'r fath. Ac ar yr adegau allweddol bwysig pan wnawn y dewisiadau ieithyddol hyn, adegau pan fyddwn weithiau yn falch o gael cyfle i'w trafod ag eraill, tybed i ba raddau y gallai ymyriadau rhagweithiol, ar ffurf deialog amserol a phositif am y Gymraeg, fod yn fodd i ysgogi ystyriaeth ffafriol ac arferion ffafriol o'i phlaid?

Ystyriwn ymyriadau prosiect TWF gynt, a phrosiect Cymraeg i Blant bellach. Dyma ddau brosiect fu'n cynnig sesiynau hwyliog i rieni a'u plant bach, gan roi anogaeth a gwybodaeth am fagu plant bach yn ddwyieithog. Mae'r rhain yn ymyriadau ar adeg amserol iawn pan mae'r plant yn y cyfnod o oed babanod hyd at oed addysg feithrin. Dyma'r cyfnod pan fydd rhieni'n gwneud penderfyniadau am iaith eu plant a sefydlu eu harferion ieithyddol â nhw. Bu gwaith TWF a Chymraeg i Blant yn fodd i gyflwyno'r syniad o fagu plant yn ddwyieithog i rieni, a hynny drwy sesiynau hwyliog i blant bach a'u rhieni. Trwy gyfrwng gweithgareddau, chwarae, darllen a chanu yn Gymraeg (gan gyflwyno'r Gymraeg i lawer o rieni hefyd) crëwyd awyrgylch croesawus a chynhwysol. Yn greiddiol i'r gwaith hwn y mae elfen gref o rannu gwybodaeth ac ymwybyddiaeth iaith a magu hyder, ynghyd â deialog parhaus â rhieni am fanteision dwyieithrwydd. Yn ogystal cyflwynir technegau ac arweiniad ymarferol i hwyluso defnyddio dwy iaith yn y cartref, gwybodaeth am adnoddau cynorthwyol ac yn y blaen. Credaf fod y nodweddion disgyrsiol hyn, y rhannu gwybodaeth ac ymwybyddiaeth, yn allweddol i lwyddiant y prosiectau hyn – ac, efallai, yn allweddol i ddyfodol yr iaith y tu hwnt i'r prosiectau hyn. Cafwyd tystiolaeth gan y ddau brosiect, fod rhieni wedi ymateb yn werthfawrogol ac yn bositif iawn iddynt, a bod cryn nifer wedi dal ati i ddefnyddio'r ddwy iaith gyda'u plant bach, a nifer dda yn mynd ymlaen i'w cofrestru mewn Ysgolion Meithrin.

Yn yr un modd, roedd mwyafrif helaeth o'r ymatebion i'r sesiynau hyfforddiant ymwybyddiaeth iaith a drafodwyd yn y prosiect ymchwil uchod yn bositif ac yn ffafriol iawn. Mynegodd llawer o atebwyr eu gwerthfawrogiad a hyd yn oed fwynhad o'r cyfle i dderbyn a thrafod gwybodaeth ddibynadwy am y Gymraeg mewn awyrgylch 'diogel'. Cafwyd tystiolaeth gan atebwyr fod y sesiynau wedi ennyn ynddynt fwy o ddiddordeb yn yr iaith, ac wedi ysgogi nifer sylweddol i ddatgan y byddent yn ystyried dysgu neu ail-ddysgu'r Gymraeg neu gynyddu eu defnydd ohoni. Nododd eraill eu bod wedi eu procio i ailystyried a chwestiynu eu hen agweddau negyddol tuag ati.

Pwysleisiaf eto *nad* yw'r ymatebion positif hyn yn dystiolaeth o fath yn y byd fod codi ymwybyddiaeth unigolion fel hyn yn fodd i newid eu hymddygiad. Dim o'r fath beth. Ni wn a wireddwyd unrhyw fwriadau ac agweddau positif a fynegwyd yn dilyn yr ymyriadau hyn. Serch hynny, mae'n ddadlennol, ac yn arwyddocaol iawn, fod cymaint o unigolion yn ymateb yn werthfawrogol ac yn bositif i'r cyfleoedd i dderbyn gwybodaeth a chodi eu hymwybyddiaeth am y Gymraeg, a chyfleoedd i'w thrin a'i thrafod mewn modd call. Mae hynny'n newyddion da, calonogol! Mae ymatebion positif o'r fath yn dangos potensial cyfathrebu mewn modd sensitif a chynhwysol am yr iaith, ac yn sylfaen addawol i adeiladu arni. Ac – er derbyn nad yw ymatebion positif o'r fath yn arwain at newid ymddygiad – rhaid gofyn serch hynny a ellir newid ymddygiad ieithyddol *heb* i bobl Cymru gael cyfleoedd i dderbyn ac ymateb yn bositif i wybodaeth am y Gymraeg a chodi eu hymwybyddiaeth ohoni?

*

Ymwybyddiaeth, diddordeb, hyder, ewyllys

Yn gefndir i hyn oll, cofiwn fod demograffeg Cymru yn newid o hyd. Bob blwyddyn mae niferoedd sylweddol o siaradwyr Cymraeg a Chymry di-Gymraeg yn allfudo o Gymru, a llawer o bobl ddi-Gymraeg yn mewnfudo o'r tu allan i Gymru. Hefyd, mae pob Cyfrifiad (namyn un) dros y ganrif ddiwethaf wedi cofnodi cynnydd ym mhoblogaeth Cymru, ac nid oes unrhyw arwydd y bydd y duedd hon yn wahanol o hyn tan 2062. O ystyried demograffeg bosibl Cymru ymhen deugain mlynedd, credaf y bydd ffyniant neu ddirywiad yr iaith dros y degawdau nesaf yn adlewyrchu i ba raddau y llwyddir i ledaenu disgwrs ystyrlon a dylanwadol ymhlith pobl Cymru amdani.

Rhaid ymgyrchu felly i greu llawer iawn mwy o gyfleoedd i bobl dderbyn gwybodaeth a chodi eu hymwybyddiaeth am y Gymraeg, cyfleoedd i holi a chwestiynu, i drin a thrafod a chofleidio'r iaith a deall pam ei bod mor bwysig i gynifer ohonom yng Nghymru. Ac yn y diwedd, rhaid wrth gyfleoedd i fagu'r diddordeb, yr hyder a'r ewyllys i arddel ymddygiadau ffafriol at y Gymraeg. Haws dweud na gwneud, meddech chi! Ia wir – cytunaf, ac nid oes gennyf atebion parod i'w cynnig yma – dim ond anogaeth i'r Gymdeithas drafod yr her ac ystyried sut i chwarae rhan mewn ymateb iddi. Gallwn gychwyn drwy geisio adnabod rhai 'pyrth mynediad' i ddisgwrs ystyrlon am yr iaith, a'u hagor, ac adeiladu rhai pyrth mynediad eraill. Dyma rai awgrymiadau – nid rhai cwbl newydd ydynt, ond maent yn teilyngu eu crynhoi a'u cadarnhau yma:

- Dylid ymgyrchu dros gynllunio'n strategol i ddatblygu, achredu a phroffesiynoli ymwybyddiaeth ieithyddol, a'i hyrwyddo ar sawl ffurf ac ar raddfa eang
  - ➤ yn y gymuned;
  - ➤ ar draws y continwwm addysg, fel rhan o'r hyfforddiant proffesiynol i athrawon a darlithwyr, ac fel rhan o'r cwricwlwm i fyfyrwyr mewn ysgolion a cholegau, a'r hyfforddiant i lywodraethwyr ysgolion a byrddau rheoli colegau;

- mewn cyhoeddiadau i'w dosbarthu i rieni ar ddechrau pob blwyddyn ysgol, i esbonio manteision dwyieithrwydd, a lledaenu gwybodaeth am nod polisi cyhoeddus yng Nghymru i sicrhau bod disgyblion yn hyderus ddwyieithog erbyn oed gadael yr ysgol;
- mewn cyhoeddiadau tebyg i'w dosbarthu i weision sifil a staff sy'n gweithio mewn sefydliadau addysgol yng Nghymru (ar hyn o bryd mae llawer o staff sefydliadau addysgol yn anwybodus am amcanion polisi cyhoeddus ar y Gymraeg ym maes addysg);
- fel rhan o hyfforddiant i gyflwyno Cymru a'r Gymraeg i fyfyrwyr a ddaw i astudio yng ngholegau a phrifysgolion Cymru;
- fel rhan ragarweiniol sylweddol a bwriadus o gyrsiau dysgu Cymraeg (gan gynnwys cyrsiau'r Gymdeithas);
- fel rhan o'r hyfforddiant proffesiynol a ddarperir ar draws y proffesiynau;
- ar draws pob adran o'r Llywodraeth a llywodraeth leol.

Rwy'n ffyddiog y bydd aelodau'r Gymdeithas yn gallu ychwanegu syniadau eraill at y rhestr hon.

- Yn gysylltiedig â'r uchod rhaid dygnu arni efo'r ymgyrch hanfodol bwysig dros ddysgu hanes Cymru o safbwynt Cymreig. Gall hyn amlygu'r ymyleiddio a'r 'trais symbolaidd' a ddygwyd – ac a ddygir o hyd – ar Gymru a'r Gymraeg gan hegemoni'r wladwriaeth Seisnig a'i haddysg Eingl-ganolog. Dengys yr ymchwil a drafodais uchod fod trafod hanes mewn modd sy'n gosod Cymru yn brif endid canolog i'r naratif, gan amlygu'r anghyfartaledd grym rhwng Lloegr a gwledydd eraill yr ynysoedd hyn, yn brofiad dadlennol iawn i lawer. Ac yn bwysig iawn, mae dysgu am y cerrig milltir pwysig yn hanes Cymru, ac am ei statws fel rhan ddarostyngedig o'r wladwriaeth Brydeinig, yn ennyn empathi yn aml iawn. Mae yna elfennau o hanes Cymru a hanes y Gymraeg sy'n dwysbigo, fel y mynegodd llawer o'r atebwyr yn y prosiect ymchwil a ddisgrifiais. Ac mae'r dwysbigo yma, yr effaith emosiynol, yn gam pwysig tuag at herio gafael y naratif hegemonaidd ar bobl Cymru. Math o addysg ymryddhaol ac ymrymusol yw dysgu am hanes Cymru.

- Dylid ymgyrchu dros sefydlu 'asiantaeth annibynnol effeithiol i hyrwyddo'r Gymraeg'. Bu'r Gymdeithas a Chyngor yr Iaith a chyrff eraill yn galw am gorff o'r fath ers o leiaf 2016, ond er i'r Gweinidog ar y pryd (Eluned Morgan) ddatgan yn 2018 y byddai corff newydd, rhyw 'Gomisiwn yr Iaith', yn cynnwys swyddogaeth hyrwyddo o'r fath, nid yw hynny wedi digwydd hyd yma. Dylid ailafael yn yr ymgyrch honno a'i dwysáu, gan sicrhau y bydd ymwybyddiaeth iaith yn elfen greiddiol, flaenllaw o holl weithgareddau corff o'r fath. Yn fy marn i, yn y degawd sydd wedi mynd heibio er pan ddiddymwyd Bwrdd yr Iaith Gymraeg yn 2012, arbrawf aflwyddiannus fu trosglwyddo i weision sifil Llywodraeth Cymru y cyfrifoldeb am hyrwyddo'r Gymraeg ymhlith y cyhoedd. Do, mae'r gwaith pwysig i sefydliadoli'r Gymraeg wedi parhau a gwelwyd cynnydd da, gyda strategaethau pwysig a phellgyrhaeddol ym maes addysg gyfrwng Cymraeg, iechyd a gofal, gwasanaethau cyhoeddus, ac yn y blaen. Ond ni chafwyd yn y degawd diwethaf unrhyw ymyriadau sylweddol, gafaelgar a llwyddiannus i hyrwyddo'r iaith yn eang ymhlith y cyhoedd mewn modd deinamig, deniadol a chreadigol. O ran hyrwyddo, mae wedi bod yn ddegawd coll, yn ddegawd go ddiffrwyth a di-fflach o'i gymharu â'r degawd cyntaf wedi pasio Deddf yr Iaith Gymraeg 1993. Os ydym o ddifri ynghylch codi niferoedd a chanrannau siaradwyr Cymraeg, ni fedrwn fforddio esgeuluso gwaith hyrwyddo yn y fath fodd am gyfnod arall eto. Rhaid ymgyrchu dros sefydlu asiantaeth a rydd fwy o flaenoriaeth i gyfathrebu â'r cyhoedd am y Gymraeg er mwyn ei hyrwyddo'n effeithiol.
- Dylid parhau i ymgyrchu'n ddygn dros sicrhau cyfryngau

darlledu a chyfryngau print Cymreig a Chymraeg, a datganoli'r cyfrifoldeb am ddarlledu i Gymru. Heb y rhain, nid oes gan ein hegin ddemocratiaeth fodd digonol i rannu gwybodaeth ac ennyn trafodaeth am lywodraethiant Cymru, polisïau cyhoeddus Cymru, a'r iaith Gymraeg, fel mater o arferiad a threfn normadol. Nid yw'r cyfryngau presennol yn effeithiol o gwbl fel 'pyrth mynediad' sy'n agor ar wybodaeth ystyrlon a chyson am Gymru a'r Gymraeg.

I grynhoi felly, byrdwn yr ysgrif hon yw gofyn inni ystyried o ddifri bwysigrwydd lledaenu gwybodaeth, codi ymwybyddiaeth, a chwilio am ddull a modd i gynnwys a chroesawu pobl Cymru ym mhrosiect adfywio'r iaith drwy ddeialog a chyd-ddealltwriaeth. A dyma fi'n cloi drwy ofyn eto: *heb* y camau hyn, sut y gellir dylanwadu ar agweddau pobl a'u harferion cymdeithasol-ieithyddol mewn modd cadarnhaol, fel y cynyddir y nifereoedd fydd o blaid caffael a throsglwyddo'r iaith? A heb gamau o'r fath, beth arall yn union fydd yn ysgogi a chymell digon o'n cydwladwyr i drosglwyddo'r iaith i dafodau hanner miliwn o siaradwyr ychwanegol er mwyn cyrraedd y targed o 'filiwn o siaradwyr erbyn 2050'?

Gobeithio y bydd hyn yn faes sy'n ennyn trafodaeth o fewn y Gymdeithas ac yn ehangach.

Rhag cors anobaith

ANGHARAD TOMOS

Peth arall hefyd sydd yn fy mhoeni rŵan – oes yr iaith Gymraeg. Rwyf wedi dod i'r penderfyniad mai marw mae a byddaf bron â chrio wrth feddwl – byddaf yn wir. O fy hen Gymraeg! Iaith y cerais ynddi, iaith y dysgais, iaith rhigymais, iaith y breuddwydiais. Mae'n gythraul o beth meddwl amdani yn dead language a rhyw bric o broffeswr sychlyd yn ysgrifennu thesis arni.

AWDUR Y LLYTHYR hwn yw yr Athro W. J. Gruffydd, llenor, bardd, ysgolhaig a beirniad, a fo oedd Athro'r Gymraeg ym Mhrifysgol Caerdydd. Y cyfeiriad ar y llythyr yw Coleg yr Iesu, Rhydychen. Ond nid hen ŵr chwerw sydd wedi ei ddadrithio ar ddiwedd ei ddyddiau sy'n sgwennu'r geiriau hyn, ond llanc ifanc disglair 19 oed. A dyddiad y llythyr? Chwefror 24ain, 1900... Maen nhw'n sylwadau enbyd o gyfoes.

Pam ydan ni'n gwneud hyn? Pam ydan ni fel Cymry wastad yn byw ar ochr y dibyn? Pam ydan ni'n treulio hanner ein hoes yn darogan tranc y Gymraeg, a'r hanner arall yn cario'r baich? Rydw i mor euog â neb, ac mae'n hen bryd peidio. Pe cawn i roi cyngor i Gymro neu Gymraes ifanc, fy nghyngor i fyddai ar iddynt beidio meiddio crwydro i gors 'Mae hi wedi canu arnom ni'. Gochelwch, ar boen eich bywyd...

Tua pedair ar bymtheg oed oeddwn i pan glywais am fodolaeth y gors hon gyntaf. Ro'n i'n llawn o danbeidrwydd ieuenctid a digwyddiad Refferendwm 1979. Fe'i cynhaliwyd ar Fawrth 1af, 1979 a'r cwestiwn ar y papur oedd a ddymunai'r Cymry gael mesur o hunan-lywodraeth? Siomedig oedd y canlyniad gyda rhyw 80% yn pleidleisio yn erbyn y syniad. Heidiodd llawer o Gymry tuag at Gors Anobaith. Roeddent yn heidio heibio i mi, yn bygwth gadael y wlad, yn deud Ei Bod Wedi Canu Arnom, ac ro'n i mor siomedig... I'r cyfeiriad hwnnw aeth llawer o'n beirdd a'n llenorion. Os oedd 1936 yn ddyddiad allweddol mewn llenyddiaeth Gymraeg, roedd 1979 hefyd. Cerddi yn darogan gwae a gawsom, mewn cynghanedd fendigedig. Teitl un ddrama gyfoes oedd *Cofiant y Cymro Olaf*. Welais i ddim byd tebyg, ac roedd yn lledu'r felan.

Yn 1982, deuthum yn Gadeirydd Cymdeithas yr Iaith, un o'r ychydig fudiadau oedd yn gweld diben mewn dal ati i ymgyrchu. Falle mai dyna pam y cafodd cân epig Dafydd Iwan 'Cerddwn Ymlaen' y ffasiwn groeso y flwyddyn honno. Roedd yn mynd yn gwbl groes i feddylfryd y cyfnod. Roedd yn radical yn ei gobaith. Yn 1983, cafwyd 'Yma o Hyd'. Gwn ei fod yn ystrydeb bellach, ond yn y flwyddyn honno, roedd yn syniad gwreiddiol, ac yn tanio pobl, yn enwedig y llinell hyderus, gwallgof o obeithiol, a diamwys, 'Bydd yr iaith Gymraeg yn fyw!' A dyma osgoi Cors Anobaith a mynd yn ein blaen i ymgyrchu, wedi cael hwb efo sefydlu'r Sianel Deledu Gymraeg newydd.

Ar yr wyneb, rydan ni wedi parhau yn obeithiol, rydym wedi cadw y mudiad bywiog hwn i ddal ati am 60 mlynedd, ac nid peth bach ydi hynny. Ond dydi Cors Anobaith erioed wedi bod ymhell. Hynaf yn y byd ydw i, nesa'n y byd ddaw'r gors.

Gallwn daeru fod fy nghlustiau yn fwy main nag oedden nhw. Byddaf yn fwriadol yn cerdded at wal yr ysgol – unrhyw ysgol – pan fo hi'n amser chwarae. Pa iaith sydd ar wefusau'r plant? Pan welaf gwpwl efo plant yn cerdded heibio, dwi'n clustfeinio beth yw'r iaith. Bob tro dwi'n ymweld ag ysgol, mae'r antena cudd hwn yn clustfeinio pa iaith mae'r plant yn ei defnyddio efo'i gilydd. Mewn pentref dieithr, mi stopiaf rywun ar y lôn i holi cwestiwn – unrhyw gwestiwn, dim ond i asesu cyflwr yr iaith yn y pentref hwnnw. Dwi'n siŵr nad ydi o'n ymarferiad iach. Ac yn aml iawn, diben yr ymarferiad yw canfod a ydym yn nes at y dibyn. Dwi'n cymryd yn ganiataol mai 'nghenhedlaeth i ydi'r un olaf i siarad Cymraeg. Rydw i yn cynnwys y stwff hwn yn fy nofelau. Wnes i hyd yn oed alw un nofel yn *Yma o Hyd*(!):

> Dwi'n gwybod, er yn ofni cydnabod, mai Nain gafodd fyw ei bywyd go iawn mewn Cymru Gymraeg, ac mai dim ond breuddwydio am hynny fedra i.
> (*Yma o Hyd*, tud. 76)

A faint oedd fy oed yn sgwennu hyn? Rhyw 25 oed – dydw i ddim gwell na'r Athro Deor Gwae, W. J. Gruffydd. A rydw i'n mynd yn ôl i ardal Nain, i Fethesda, a chrwydro'r strydoedd yn rhamantu am sŵn traed chwarelwyr, ac mor dda oedd Ers Stalwm...

Wfft i'r fath feddylfryd! Tawn i'n cael sgwrs gall efo mi fy hun, byddwn yn cydnabod mor erchyll oedd amodau trigolion Bethesda ganrif yn ôl, wedi eu rhwygo gan chwerwder y Streic Fawr, yn wynebu diboblogi rhemp ac yn dioddef amodau iechyd a safonau tai gwarthus. Oedd, roedd hi'n gymdeithas Gymraeg, ond roedd hi'n gymdeithas fregus iawn ac yn dioddef yn eithriadol. Taswn i eisiau edrych ar bethau yn obeithiol, byddwn yn ymhyfrydu yn y modd y mae Partneriaeth Ogwen wedi cychwyn menter hydro newydd, yn prynu adeiladau yn y pentref, yn adfywio cymdeithas ac yn gwneud hynny yn Gymraeg...

Yn fy ardal i, dwi'n dyst i adfywiad yn yr economi leol. Mae'r ffatri oedd yn cyflogi 94 o bobl yn fy mhentref yma ym Mhenygroes wedi cau yn ystod Covid, ond mae cynllun i droi y safle yn lle ailgylchu. Mae'r pentref wedi prynu hen siop wag a'i throi yn gaffi ac yn llety, mae gennym gynllun i ddefnyddio car trydan ac i wella'r amgylchedd, ac rydym yn gweithio ar randiroedd a gardd wyllt. Dim ond yn y misoedd dwytha, mae pobl ifanc wedi troi ati i agor lle pitsa yn yr hen fanc, ac mae salon trin cŵn dan yr enw gwych 'Yli Del'. Mae'r cyfan yn Gymraeg, a phan ddaw pobl yn ôl at ei gilydd, mi fydd y cant o bobl ifanc oedd yn arfer mynychu'r Clwb Ieuenctid bob nos Wener yn dychwelyd – Cymry bron i gyd. Mae'r clwb drama eisoes wedi ailgychwyn yn y Neuadd Goffa, a bydd Lleisiau'r Mignedd yn ailgychwyn cyfarfod yn go fuan. Mae'r capeli wedi ailgychwyn cyfarfod. Gen i awydd codi W. J. Gruffydd o'i fedd a dangos iddo, 'Ylwch, dyma ni – 120 blwyddyn wedi i chi ddarogan tranc y Gymraeg!'

Mae'r un adfywiad yn digwydd ym Mlaenau Ffestiniog a bydd y rhai fydd yn darllen y geiriau hyn yn gallu enwi o leiaf hanner dwsin o fentrau mewn gwahanol ardaloedd sydd wedi penderfynu rhoi cynnig arni.

Felly – sut le ydw i am i Gymru 2062 fod? Fydd o ddim mor wahanol â hynny. Tydi deugain mlynedd ddim yn amser hir iawn. Ond dwi yn mawr obeithio y bydd pobl ifanc yn dal i fod yn brysur yn eu cymunedau, yn meithrin mentergarwch, ac yn trosglwyddo hynny i'w plant. Does dim diben mewn cael miliwn o siaradwyr Cymraeg mewn faciwm. Dim ond fel rhan o gymuned fyw yr ydym am weld y Gymraeg yn ffynnu.

Dwi'n mawr obeithio y bydd yna Blaid Lafur Gymreig. Os yw'r pandemig wedi dangos un peth, yna mae wedi dangos fod y drefn wleidyddol yn gallu bod yn wahanol yng Nghymru i'r drefn yn Lloegr. Oes, mae yna ddigonedd o wendidau yn Llafur Cymru (gweler y gyfrol dreiddgar *The Welsh Way*) ond mae yna le i fod yn obeithiol. Yn ystod Eisteddfod Genedlaethol 1911, trefnodd fy nhaid gyfarfod i ffurfio Plaid Lafur Gymreig, ond wnaeth o ddim llwyddo. Dros ganrif yn ddiweddarach, efallai fod sail i obeithio.

Efallai y bydd Lloegr yn dal i ymrafael gyda Cheidwadaeth, ond dwi'n dra hyderus y bydd y drefn yn yr Alban ac Iwerddon yn wahanol, ac o reidrwydd, bydd y berthynas rhwng y gwledydd hyn a Chymru yn wahanol – heb sôn am Wlad y Basg a Chatalunya a sawl gwlad arall. Dim ond drwy fod yn rhyngwladol ein golygon y gall y Gymru newydd ffynnu.

Dau faes yn arbennig garwn i eu gweld yn datblygu yw addysg a'r cyfryngau. Yn ystod yr wythdegau, bûm yn arweinydd

Grŵp Addysg y Gymdeithas yn ymgyrchu dros Gorff Datblygu Addysg Gymraeg. Yr oeddem am weld corff fyddai'n edrych ar addysg o oedran meithrin i oedran 18+ yn ei gyfanrwydd, fel bod continiwm yn cael ei sefydlu. Yn y pen draw, llwyddwyd i sefydlu corff o'r fath, ond ni roddwyd cyllid iddo, felly bu farw yn dawel. Mae'r angen yn dal yno, ac roedd sefydlu'r Coleg Cymraeg yn fuddugoliaeth. Ond mae angen mynd gymaint pellach. Bydd angen i drefnwyr addysg yng Nghymru fod yn llawer mwy uchelgeisiol os ydym am drefnu pobl ifanc rhydd eu meddwl erbyn 2062. Mae dysgu hanes diweddar Cymru (anghofiwch y Tywysogion) o'r pwysigrwydd mwyaf. Ond mae angen trefn sy'n herio pobl ifanc i gwestiynu pethau a cheisio rhagweld eu lle fel dinasyddion byd, sy'n rhugl eu Cymraeg, ac yn hyderus yn eu Cymreictod. Does dim yn amhosibl mewn galw am roi'r siawns i bawb yng Nghymru fod yn ddwyieithog – dairieithog – erbyn 2062.

Ac os na lwyddir i fynd mor bell â hynny mewn deugain mlynedd, rhaid datganoli darlledu yn syth. Hwn ydi un o'r camau pwysicaf i edrych ar y byd drwy ein sbectol ein hunain, ac nid sbectol gwlad arall. Wrth i mi sgwennu'r geiriau hyn, mae sail gref i gredu fod yr hen Brydain Frenhinol yn gwneud joban go lew o ddinistrio ei hunan, ond beth bynnag a ddigwydd, gobeithio y bydd trefn ddarlledu wahanol yng Nghymru. Bydd 'Home' yn golygu Cymru, nid 'where you are'. Byddwn yn peidio bod yn atodiad i'r stori, ond yn gwbl ganolog. Nyni fydd yn adrodd ar straeon y byd, ein golwg a'n gwerthoedd ni fel Cymry gaiff eu darlledu.

Ond fy nymuniad pennaf? Ei bod yn Gymru gyfiawn yn 2062, ac yn un heddychlon.

Ofer ennill brwydrau i'r Gymraeg os mai criw o bobl ddosbarth canol, geidwadol eu hagwedd fydd wrth y llyw. Does gen i ddim diddordeb mewn Cymru felly. Os ydi Cymdeithas yr Iaith wedi dysgu un peth i mi dros y blynyddoedd, mae wedi dysgu i mi mai rhan yw'r frwydr dros y Gymraeg mewn ymgyrch fyd-eang dros gyfiawnder.

Pan oeddwn i yr un oed â'r W. J. Gruffydd ifanc, un peth, ac un peth yn unig oedd yn cyfrif, sef achub y Gymraeg, costied a gostied. Mi fyddwn wedi gwneud unrhyw beth i sicrhau hynny, drwy unrhyw ddull a modd. Dangosodd y Gymdeithas i mi werth y dull di-drais. Byddwn yn beio Saeson ac yn chwerw iawn am y mewnlifiad. Dysgodd y Gymdeithas i mi ddrygioni hiliaeth. Hwn oedd y mudiad roddodd lwyfan i Hanif Bhamjee ac a ddysgodd i mi bwysigrwydd yr ymgyrch wrth-apartheid. Gyda'r mudiad hwn y cefais fynd i'r Alban, Iwerddon, Catalunya a Nicaragua i efeillio gyda radicaliaid mewn gwledydd gwahanol. Pan oedd y rhyfel oer yn ei hanterth, dyma'r mudiad weithiodd ochr yn ochr gyda CND, ac yn ddiweddarach yn erbyn Wylfa B. Pan ddaeth Cymal 28 allan dan Thatcher, dangosodd y Gymdeithas y drwg mewn labelu a rhagfarnu yn erbyn hoywon, a pha mor bwysig oedd cynnwys pawb. Pan oeddwn i'n dadlau mai dim ond yn yr ardaloedd Cymraeg y dylem fod yn canolbwyntio ein hadnoddau, dyma'r mudiad a agorodd fy meddwl i gefnogi striec y glowyr a deall yr hyn ddywedodd Waldo, 'Ynof mae Cymru yn un'. Hwn ydi'r mudiad a'm dysgodd i beidio digalonni yn wyneb sefyllfaoedd anodd. Fod modd, drwy gerddoriaeth a gwên, cyfeillgarwch ac estyn llaw i annog ein gilydd i ddal ati.

Bellach, mae fy mab fy hun yr un oedran â'r W. J. Gruffydd ifanc, a phan ddaw 2062, bydd yn agos at fy oedran i rŵan. Eisoes mae yn fwy gobeithiol am y Gymraeg nag oedd y bardd a minnau yn 19 oed, mae hefyd yn fwy hyderus yn ei Gymreictod. Mae'n bendant yn fwy cynhwysol, yn casáu hiliaeth ac yn llawer mwy ymwybodol o'r bygythiad newid hinsawdd. Yn ddwfn yn ei natur, fel ei ffrindiau, mae yna amheuaeth iach o'r Drefn, ac awydd i'w newid. Mae pobl ifanc wedi chwenychu newid erioed, mae'r genhedlaeth hon yn fwy tanbaid fyth, o ganlyniad i'r pandemig.

Diffyg tai, diffyg gwaith, cwtogi gwasanaethau, diboblogi, pobl gyfoethog yn heidio i Gymru i fanteisio ar ei thir a'i hadnoddau – does yna ddim prinder problemau. A minnau wedi gwneud y cyfan a fedrwn pan own i'n iau i arbed y genhedlaeth hon rhag gorfod mynd drwy'r drin. Ond maen nhw'n dal i gerdded, dal i godi llais, dal yn hwyliog, dal i weld potensial. Maen nhw hefyd yn gweld yr anghyfartaledd yn glir, ac yn fodlon gwneud rhywbeth yn ei gylch. Cors anobaith? Lle i hen bobl ydi hwnnw. Mae ganddyn nhw le gwell i gyrchu tuag ato!

Dathlu'r 60

TONI SCHIAVONE

UN O'R PETHAU mwyaf calonogol a ddarllenais yn 2020 oedd y pennawd i erthygl yn y *Cardigan and Tivyside Advertiser*, 14 Ionawr, 'Community pub plan cheered by 25k second homes grant.' Roedd Tafarn yr Hydd Gwyn yn Llandudoch wedi derbyn cyllid o gronfa treth cyngor Sir Benfro – treth ar ail gartrefi. Calonogol ond ar yr un pryd, digalon.

Calonogol? Mewn ymateb i ganlyniadau siomedig y cyfrifiad yn 2011 lluniodd y Gymdeithas 'Maniffesto Byw ar gyfer Cymunedau Byw (2013)' fel dilyniant ac atodiad i'r maniffesto a gyhoeddwyd flwyddyn ynghynt. Ymysg yr argymhellion roedd y galw i 'roi'r hawl i awdurdodau lleol godi treth o 200% ar ail gartrefi.' Ymgyrchodd y grŵp 'Cymunedau Cynaliadwy' dros newid deddfwriaethol; sefydlu grantiau i brynwyr tai tro cyntaf; llunio strategaeth dai sydd yn rhoi'r pwyslais ar adnewyddu'r stoc tai sy'n bodoli'n barod a chyllido ar gyfer hyn; a sefydlu 'Arolygiaeth Gynllunio' i Gymru fel corff cwbl annibynnol. Ar y pryd, er yn cydnabod yr angen i weithredu mewn ymateb i'r argyfwng tai yn Nghymru, digon llugoer fu'r ymateb o gyfeiriad awdurdodau lleol a Llywodraeth Cymru ar y cychwyn, ac yn arbennig felly i'r cynnig o godi treth ychwanegol ar ail gartrefi. Serch hynny, llwyddwyd i gael ymateb cadarnhaol o blaid y syniad o gyfeiriad Llywodraeth Cymru ac Aelodau Senedd Llafur a Phlaid Cymru yn 2014. O ganlyniad gwelir miliynau o bunnau yn ychwanegol yn cyrraedd coffrau awdurdodau lleol oherwydd y dreth ar ail gartrefi. Yn yr un modd, o'r diwedd derbyniwyd yr angen i sefydlu Arolygiaeth Gynllunio annibynnol i Gymru – rhywbeth y bu'r Gymdeithas yn galw amdano ers wythdegau'r ganrif ddiwethaf! Mae'r datblygiadau hyn ar eu pennau eu hunain, wrth gwrs, yn annigonol. Mae angen sicrhau nad yw perchnogion ail gartrefi yn osgoi talu'r dreth yma trwy gofrestru ail gartrefi fel busnes, edrych ar ffyrdd o drethu carafannau a llety Airbnb, dileu treth ar werth ar adnewyddu tai preswyl a hen adeiladau, rhoi cap ar y nifer o ail gartrefi mewn ardaloedd penodedig ac adeiladu llawer iawn mwy o dai cymdeithasol a fyddai ar gael i bobl leol. Mae angen deddfwriaeth a fydd yn sicrhau rhoi'r rheolaeth dros y farchnad dai yn nwylo cymunedau. Mae angen ymateb sosialaidd i argyfwng cyfalafol – datganiad rhethregol, mi wn, ond dyna wraidd y broblem sydd wedi arwain at yr anghyfiawnder cymdeithasol ym maes tai ac eiddo.

Pam digalon? Oherwydd roedd rhaid aros mor hir cyn cael newid arwyddocaol. Dros ddeugain mlynedd ynghynt, ym maniffesto Cymdeithas yr Iaith Gymraeg 1981, rhestrwyd y nifer o ail gartrefi ym mhob Cyngor Dosbarth yng Nghymru ochr yn ochr â rhestr o nifer o deuluoedd ar y rhestrau aros. Ymysg nifer o bolisïau tai eraill yn y maniffesto nodwyd yr angen i sicrhau na fydd ail gartrefi 'yn peri diboblogi nac yn gwanychu cymunedau Cymraeg.' Trwy gydol yr wythdegau a'r nawdegau roedd polisïau tai a chynllunio yn cael sylw mawr gan y Gymdeithas, gan arwain at ymgyrch 'Nid yw Cymru ar Werth' a'r galw am newid deddfwriaethol trwy Ddeddf Eiddo. Roedd hyn yn cynnwys ymgyrchu cyfansoddiadol yn ogystal ag ymgyrchu torcyfraith di-drais. Y penllanw oedd gweithred ddifrifol gan Alun Llwyd a Branwen Niclas a arweiniodd at ddedfryd o 9 mis o garchar. Llwyddwyd i gael 'statws cynllunio' i'r iaith Gymraeg ond ychydig o newid a fu ar lefel genedlaethol ac ar lefel awdurdod lleol i ddefnyddio hyn fel rhan ganolog o bolisïau cynllunio ac i ddiogelu cymunedau Cymraeg eu hiaith. Yn wir roedd y dogfennau a luniwyd gan y Gymdeithas dros 30 mlynedd yn ôl fel 'Siarter Clwyd', 'Cynllunio Dyfodol i'r Iaith yng Nghlwyd', 'Cynllunio Dyfodol i'r Iaith yn Nosbarth Caerfyrddin' a 'Cynllun Iaith i'r Rhyl', yn llawer iawn mwy blaengar nag unrhyw beth o gyfeiriad pleidiau gwleidyddol, y Cynulliad ac awdurdodau lleol. Yn achos y penderfyniad i osod treth ar ail gartrefi wyth mlynedd yn ôl roedd Llywodraeth Cymru yn fwy parod i weithredu nag awdurdodau lleol, ac yn wir mae rhai awdurdodau yn parhau yn llugoer.

Ble mae'r cynlluniau iaith a'r asesiadau iaith yn sgil datblygiadau hapfasnachol? Gallai cymaint mwy fod wedi digwydd dros y degawdau diwethaf. Dangosodd cynlluniau arloesol menter gydweithredol Antur Aelhaearn o dan arweiniad Dr Carl Clowes beth sydd yn bosib ac roedd y penderfyniad i sefydlu Mentrau Iaith, fel yr awgrymodd y Gymdeithas, yn gam i'r cyfeiriad iawn. Yn yr un modd mae'r ffordd mae cymunedau unigol ar draws Cymru wedi mynd ati i greu y rhwydwaith o bapurau bro, sefydlu busnesau Cymraeg a Chymreig gan gynnwys yr holl fentrau cydweithredol, a chymryd rheolaeth o adnoddau oddi fewn i'w cymunedau yn rhyfeddol o galonogol. Serch hynny, heb fframwaith deddfwriaethol a chynllunio bwriadus ar lefel genedlaethol a rhanbarthol byddwn yn gwthio yn erbyn y llif.

Ymunais â Chymdeithas yr Iaith wrth ddychwelyd i Gymru yng nghanol y saithdegau ar ôl gweithio fel athro yn East Acton, Llundain, mewn siop recordiau ac ar ôl gwneud gwaith cymdeithasol gwirfoddol am gyfnod. Ar yr un pryd ailymunais yng ngweithgarwch Plaid Cymru yng ngorllewin Clwyd. Fel aelod cyffredin o'r Gymdeithas roeddwn yn mynychu ralïau a digwyddiadau cyhoeddus. Roedd hyn yn ymestyniad o'r hyn roeddwn yn ei wneud yn y brifysgol ac wedyn yn gweithio yn Llundain. Roeddwn yn weithgar yn wleidyddol gan gymryd rhan mewn digwyddiadau gwrth-Apartheid, gwrthdystiadau yn erbyn y rhyfel yn Fietnam, CND, streic y glowyr a'r gorymdeithiau 'hawl i waith'. Yr ysgogiad i gymryd rhan fwy blaenllaw yng ngweithgareddau'r Gymdeithas oedd mynychu ralïau dros sefydlu S4C a'r ymgyrch dros ddeddf iaith newydd

– yn arbennig rali arwyddion Rhuddlan yn 1977. Sylweddoliad hefyd na fyddai'r dull cyfansoddiadol ar ben ei hun yn arwain at newid. Dyma beth oedd ac sydd yn gwahaniaethu'r Gymdeithas oddi wrth nifer o gyrff eraill sydd yn ymgyrchu dros yr iaith a dyma beth sydd wedi arwain at gymaint o lwyddiannau bach a mawr dros y degawdau. Er gwaethaf yr enillion yn sgil ymgyrchu a lobïo parhaus, parhau mae'r ymgyrch dros Awdurdod Darlledu annibynnol i Gymru, ac mae'r angen am Ddeddf Iaith sydd yn cynnwys y sector breifat a'r angen am Ddeddf Eiddo efo ni o hyd.

Yn anffodus mae'r dirywiad yn y nifer o gymunedau gyda dros 70% o'r boblogaeth yn siarad Cymraeg yn golygu mwy o bwyslais ar yr angen i greu 'gofodau' neu leoliadau Cymraeg eu hiaith. Dyna un o'r rhesymau am bwysigrwydd yr ymgyrch i gynyddu'r nifer o weithleoedd Cymraeg. Gan gychwyn gyda'r her. Mae'r gwariant ar hyfforddiant yn y gweithle dros £140 miliwn yn flynyddol, ond mae llai na 1% o'r cyllid yn cael ei wario ar hyfforddiant cyfrwng Cymraeg a dim ond tua 5% ar hyfforddiant sy'n cynnwys o leiaf un gweithgaredd dysgu Cymraeg neu ddwyieithog. Dros y 7 mlynedd diwethaf ymgyrchwyd i dynnu sylw at yr anghyfiawnder yma gan alw am neilltuo o leiaf £20 miliwn ar gyfer prentisiaethau cyfrwng Cymraeg. Mae'r anghyfiawnder yn amlwg ac mae'n amhosib amddiffyn yr annhegwch yma. Nod arall gan y Gymdeithas oedd galw am drosglwyddo cyfrifoldeb am y maes yna i'r Coleg Cymraeg Cenedlaethol (enghraifft arall o lwyddiant ymgyrchoedd y Gymdeithas).

Mae'r rhan fwyaf o'r gwariant hyfforddiant yn y gweithle yn mynd ar raglenni prentisiaethau (dros £120 miliwn). Cyrff cyhoeddus megis awdurdodau lleol a byrddau iechyd yw rhai o ddarparwyr pwysicaf prentisiaethau ac fel cyflogwyr nhw sydd yn gosod amodau'r brentisiaeth. Syndod o'r mwyaf oedd sylweddoli nad oedd y cyrff hyn yn mynnu bod nifer o'r prentisiaethau yn rhai Cymraeg neu o leiaf yn ddwyieithog. Dim rhyfedd bod llawer iawn o siaradwyr Cymraeg yn fwy cyffyrddus yn trafod materion gwaith yn y Saesneg. Fel ym maes tai a chynllunio, nid yw datganoli grym, o reidrwydd, yn mynd i arwain at weledigaeth nac at weithredu cadarnhaol o blaid y Gymraeg.

Da o beth oedd clywed bod Llywodraeth Cymru wedi cytuno erbyn hyn i drosglwyddo cyfrifoldeb am y rhaglenni hyfforddiant Cymraeg yn y gweithle i'r Coleg Cymraeg – ond mae'r gyllideb o 0.8 miliwn yn hollol annigonol. Yn y cytundeb cydweithio rhwng y Blaid Lafur a Phlaid Cymru (2021) nodir y bwriad i 'fuddsoddi yn y Coleg Cymraeg Cenedlaethol a'r Ganolfan Dysgu Cymraeg i gynyddu cyfrwng y prentisiaethau ac addysg bellach cyfrwng Cymraeg am ddim i bobl ifanc 16-25.' Gallwn ymfalchïo yn llwyddiant yr ymgyrch hyd yn hyn ond ar yr un yr pryd cydnabod nad oeddem fel Cymdeithas wedi ymateb ynghynt i'r diffyg yn y maes yma ac ymgyrchu yn galetach i gael newid. Mae'r methiant yn y maes hwn yn un enghraifft o fethiant ar draws y sector addysg bellach. Er yr ymgyrchu dros amser hir i Gymreigio'r sector dengys arolwg gan y Coleg Cymraeg yn 2020 y diffyg dilyniant addysg Cymraeg mewn addysg bellach. O'r 13 sefydliad addysg bellach dim ond Grŵp Llandeilo a Menai gydag ychydig dros 20% sydd yn cynnig mwy na 5% o gyrsiau trwy gyfrwng y Gymraeg. Yn wir nid oes unrhyw ddarpariaeth cyfrwng Cymraeg mewn 6 o'r sefydliadau. Ar yr un pryd mae cyflogwyr gan gynnwys Llywodraeth Cymru, yn cwyno am y prinder wrth geisio cyflogi siaradwyr Cymraeg. Yn nhermau'r dyfodol bydd angen chwyldro mewn addysg bellach, ac yn wir dylid sicrhau bod rhaglenni addysg pob myfyriwr yn cynnwys gwella sgiliau cyfathrebu a gweithio trwy gyfrwng y Gymraeg.

Enghraifft arall o fethiant y drefn addysg bresennol yw'r diffyg darpariaeth addysg Gymraeg mewn nifer o ardaloedd a'r diffyg dilyniant o'r cyfnod cyn-ysgol i Addysg Bellach ac Addysg Uwch. Yng Ngheredigion mae o leiaf 70% o'r addysgu drwy gyfrwng y Gymraeg yn y sector gynradd, ond erbyn diwedd CA4 (16 oed) dim ond 33% sydd yn astudio 5 neu fwy o bynciau trwy gyfrwng y Gymraeg ac mae hyn yn syrthio i 24% o fyfyrwyr Safon Uwch

'Fe fûm i mewn ysgol gynradd Gymraeg, ond wedyn fedrwn i ddim wir fforddio'r costau teithio i gyrraedd yr ysgol uwchradd Gymraeg. Wedyn yn yr ysgol uwchradd, fe wnes i smalio nad oeddwn yn medrau siarad Cymraeg, er mwyn gallu sefyll arholiad (Cymraeg) ail iaith a chael gradd A!' (Lemfreck, *Golwg* Mai 20fed, 2021). Dyma un rheswm pam fod angen Deddf Addysg Gymraeg – ond Deddf Addysg Gymraeg i Bawb yw'r nod, dim jyst i'r ychydig ffodus. Fel rhywun o gefndir cymysg a fagwyd ar aelwyd gyda'r Saesneg yn brif iaith ac mewn tref, Castellnewydd Emlyn, gyda'r Saesneg yn brif iaith y stryd a phrif iaith addysg yr ysgol yn y chwedegau roeddwn yn ddigon ffodus i gael rhai ffrindiau a oedd yn siarad Cymraeg, cael cyfleodd i gymdeithasu yn y Gymraeg trwy Aelwyd yr Urdd yn y dref a mynychu capel Cymraeg. Oni bai am hyn a'r penderfyniad i ddychwelyd i Gymru i fyw mewn cymuned Gymraeg, mae'n digon posib na fuaswn yn byw trwy gyfrwng y Gymraeg heddiw.

Hap a damwain yw gadael ysgol yn rhugl yn y Gymraeg yn y flwyddyn 2022 er gwaethaf y cynnydd mewn addysg cyfrwng Cymraeg. Gallwn ymfalchïo yn y penderfyniad gan Lywodraeth Cymru i gyrraedd miliwn o siaradwyr (ar ôl lobïo gan y Gymdeithas) erbyn 2050 ond oni bai bod yna chwyldro ym maes addysg does dim gobaith cyrraedd y nod. Roedd Llywodraeth Cymru wedi gosod nod o 30% yn cael eu hasesu mewn Cymraeg iaith gyntaf erbyn 2020 ond ychydig dros 22% sydd wedi cyrraedd y nod yma. Mae'n hollol annerbyniol bod bron 80% o bobl ifanc Cymru yn gadael yr ysgol heb y gallu i gymdeithasu a gweithio trwy gyfrwng y Gymraeg. 'Profiad diflas dros ben ydyw i lawer iawn ohonynt yn ôl y dystiolaeth – nid ydynt yn gweld y pwnc yn berthnasol nac o unrhyw fudd iddynt.' Dyna'r datganiad yn rhagair yr adroddiad 'Un Iaith i bawb – adolygiad o Gymraeg ail iaith yng Nghyfnodau Allweddol 3 a 4,' a gyhoeddwyd yn 2013. Yn dilyn ymgynghoriad a derbyn tystiolaeth gan sefydliadau, athrawon, rhieni, ac yn bwysig iawn gan fyfyrwyr ysgol, daethpwyd i'r casgliad bod angen sefydlu un continwwm o ddysgu Cymraeg, disodli Cymraeg ail iaith a'r term Cymraeg ail iaith a datblygu cymhwyster TGAU newydd. Dros y degawd diwethaf ymgyrchodd y Gymdeithas dros weithredu prif argymhellion yr adroddiad. Mae'n hollol annerbyniol bod pobl ifanc yn gadael ysgol ar ôl 12 mlynedd o wersi Cymraeg yn methu siarad a defnyddio'r Gymraeg yn hyderus. Mae'r iaith Gymraeg yn perthyn i bawb yng Nghymru a bai y gyfundrefn addysg fel ag y mae yw methu sicrhau hynny. Y nod yn y pen draw yw bod pob ysgol yn ysgol Gymraeg ac yn y cyfamser rhaid cynllunio i Gymreigio holl ysgolion Cymru trwy fuddsoddi mewn strategaeth gynhwysfawr i ddatblygu medrau ysgolion a'r gweithlu addysg a chymorthyddion ar draws y cwricwlwm i gynorthwyo holl bobl ifanc Cymru i adael ysgol yn rhugl yn y Gymraeg.

Mae angen mwy na hynny wrth gwrs. Rhaid sicrhau bod cynnwys yr addysg yn adlewyrchiad o'n treftadaeth, ein diwylliant a'n ffordd o fyw. Rhaid i'r addysg yma fod yn berthnasol a rhaid sicrhau ein bod ni'n addysgu pobl i gymryd rhan yn y penderfyniadau sydd yn effeithio ar ein bywydau. Rhaid anelu at addysgu cymunedol a democratiaeth gyfranogol. Mae'r ymgyrchu yn parhau nid yn unig dros y newidiadau hyn ond dros yr angen am Ddeddf Addysg Gymraeg i Bawb. Diolch i'r drefn mae yna arwydd o newid meddylfryd yng nghoridorau Llywodraeth Cymru. Erbyn hyn cytunwyd gyda'r egwyddor o un continwwm dysgu ac asesu Cymraeg, ond ni weithredwyd i sicrhau hynny. Diffyg gweledigaeth a diffyg uchelgais.

Un o'r pethau sydd yn fy ysgogi i weithredu dros y Gymraeg yw cyfoeth ein diwylliant Cymraeg yng Nghymru. Wrth edrych ar y rhestr fer ar gyfer gwobrau Selar 2022 mae'n rhyfeddol o gyfoethog gydag artistiaid fel Eädyth, Papur Wal, Mared, Mr, N'famdy Kouyoté a Skylrk. Fel un a fagwyd mewn cyfnod pan roedd y diwylliant Eingl-Americanaidd ar ei anterth yn y chwedegau, ychydig iawn o gerddoriaeth Gymraeg gyfoes ac amgen oedd ar gael. Y Blew oedd un o'r ychydig rai yn chwifio'r faner yma yn y Gymraeg. Chwaraeodd y Gymdeithas ran allweddol mwn hybu a hyrwyddo cerddoriaeth Gymraeg gyfoes ac amgen dros y degawdau a thrwy hynny ddenu pobl ifanc at y Gymraeg a dangos perthnasoldeb y Gymraeg yn yr unfed ganrif ar hugain. Erbyn heddiw mae amrediad a chyfoeth cerddoriaeth gyfoes Gymraeg yn anhygoel. Gwelir yr un cyfoeth yn ein llên, barddoniaeth a chelf gyfoes. A ydym ni o ddifrif yn mynd i ganiatáu i hyn oll edwino a diflannu?

Yn fy marn i brwydr yn erbyn gormes wleidyddol ac anghyfiawnder cymdeithasol a thros hawliau dynol yw'r ysgogiad mwyaf i ymgyrchu i ddiogelu ac i hyrwyddo'r Gymraeg. Mae'n llawer iawn mwy na brwydr dros ddiwylliant a hunaniaeth. Gallwn uniaethu gyda brwydrau tebyg ar draws y byd boed yr ymgyrch dros yr iaith Wyddeleg yng Ngogledd Iwerddon, sefyllfa'r Uyghur yn Tseina, y Tuareg yn Mali a'r iaith Iquitos yn Periw. Dim rhyfedd felly bod y Gymdeithas wedi bod ar flaen y gad yn galw am gyfiawnder i ffoaduriaid a cheiswyr lloches ac wedi llwyddo i sicrhau gwersi Cymraeg am ddim iddynt. Un peth sydd yn sicr am y dyfodol, bydd yr ymgyrchoedd yma yn parhau ac yn y frwydr fyd-eang yn erbyn totalitariaeth a chyfundrefnau awdurdodaidd bydd Cymdeithas yr Iaith Gymraeg yn arwain.

O edrych ar weithgareddau'r Gymdeithas y bûm yn rhan ohonynt dros y degawdau mae'n arwyddocaol bod gymaint ohonynt wedi golygu mynd benben â'r sefydliad Cymraeg. Ar gychwyn yr ymgyrchoedd dros sianel deledu, deddf iaith newydd, deddf eiddo neu addysg Gymraeg gwelwyd gwrthwynebiad o gyfeiriad awdurdodau lleol, awdurdodau iechyd, gwleidyddion ac ar lawr gwlad. Cryfder y Gymdeithas yw ei gweledigaeth, ei dyfalbarhad ac ymroddiad aelodau fel Ffred Ffransis, Angharad Tomos, Helen Greenwood, Dafydd Morgan Lewis, Cen Llwyd, Colin Nosworthy, Bethan Williams, Mabli Siriol Jones a nifer o aelodau eraill o bob oed i barhau i ymgyrchu er gwaethaf hyn oll. Ar adegau mae'r ymgyrchu wedi denu niferoedd lawer, megis yr ymgyrchoedd dros newid arwyddion ffyrdd. Ar adegau eraill, megis yr ymgyrch dros Goleg Cymraeg Cenedlaethol, neu sicrhau statws cynllunio i'r iaith Gymraeg, mae'r gwaith lobïo caib a rhaw gan yr ychydig wedi bod yn bwysicach. Dyna pam mai Cymdeithas yr Iaith Gymraeg yw'r mudiad gwleidyddol pwysicaf a welwyd yng Nghymru dros y 60 mlynedd diwethaf. Mae gan y Gymdeithas yr hygrededd gwleidyddol sy'n deillio o ymgyrchu a llwyddo i newid y drefn a'r sail i hyn oll yw y parodrwydd i weithredu, yn ddi-drais, yn erbyn llywodraethau, awdurdodau a chyrff cyhoeddus os oes angen.

Anwedd

Lleucu Roberts

'Mae e gen i!' ebychodd Gethin yn llawn cyffro wrth y wal wydr. 'Y syniad perffaith!'

Edrychodd o'i gwmpas ar yr ystafell i weld sut dderbyniad a gâi ei ddatganiad, ond dim ond wynebau cyfrifiaduron oedd yno a ddwedodd 'run o'r rheini 'run gair. Doedd Gethin ddim wedi sylwi ar weddill ei gydweithwyr yn gwneud eu dihangfa foreol tuag at y ffreutur am yr hyn yr arferai ei hen ddad-cu ar ei fferm yn Sir Gâr ei alw'n 'de deg' slawer dydd: roedd hi'n un ar ddeg, ond yr un oedd yr awydd i adael y sgriniau am chwarter awr o glebran.

Ers rhai wythnosau, doedd Gethin ddim wedi bod yn treulio'r egwyl gyda'i gydweithwyr am ei fod e'n poeni am ddyfodol ei swydd. Dyn y syniadau oedd e i fod, a phan ddechreuodd e weithio yn adeilad y Llywodraeth yng Nghaerdydd, roedd e'n llawn ohonyn nhw. Gweithiodd ei ffordd gan gamu ar ris un syniad ar ôl y llall i frig ei yrfa fel cynghorydd arbennig i'r PW. Ac am ddwy flynedd, roedd e wedi cyfrannu'r syniadau a wnâi i'r wlad redeg yn fwy llyfn, ac a gadwai ganran poblogrwydd ei gyflogwr i hofran uwchlaw'r deugain y cant yn gyson.

Ond ers rhai wythnosau, roedd y syniadau wedi sychu, a Gethin wedi mynd yn hesb. Am fis neu ddau cyn hynny, cawsai sawl syniad gwael a laniodd y PW mewn cors wrth iddo'u gwyntyllu ar lawr y Senedd, ac ers hynny, roedd e wedi teimlo dan lach y gŵr mawr. Ofnai yn ei galon mai swydd weinyddol mewn llywodraeth leol fyddai ei dynged dros ddegawdau olaf ei yrfa, a gwyddai fod yn rhaid iddo gael syniadau newydd o rywle, rhai da, a hynny ar frys.

Falle mai diffyg cwsg oedd ar fai, ac ar Mai oedd y bai am hynny, er na allai Gethin deimlo unrhyw gerydd yn ei galon tuag at ei blentyn blwydd oed. Doedd dim yn well ganddo na'r awr fer amser cinio pan ddeuai Tania â hi ato iddi hi gael awr fach o lonydd. Weithiau, llwyddai i gyrraedd adre mewn pryd i allu cael awren fach werthfawr arall yng nghwmni ei ferch fach, ond anaml y caniatâi ei swydd iddo wneud hynny, y dyddiau hyn yn enwedig, ac yntau'n chwilio a chwalu drwy bob rhaglen a chynllun am weledigaeth a fyddai'n ei goroni unwaith eto yn llygaid y PW yn arch-irwr y cogiau.

Myfyrio am ddigwyddiad rai dyddiau yn gynt roedd Gethin pan gafodd e'r syniad o'r diwedd a dal ei hun yn siarad â'r ystafell wydrog wag. Roedd rhywrai wedi peintio slogan ar un o ffenestri mawr adeilad y Senedd yn galw am Ddeddf Eiddo. Buan iawn y sychwyd y slogan a'r tafod mawr coch, ond cyn iddyn nhw ddiflannu, roedd Gethin wedi dechrau amau fod gan Tania ryw syniad pwy wnaeth gan ei bod hi'n aelod o'r gell leol, ffaith a oedd yn destun peth anesmwythyd rhyngddyn nhw bellach ers i nwyd difeddwl, di-hid am wahaniaethau gwleidyddol y dyddiau cynnar, bylu.

'Dyw'ch criw chi'n poeni dim am yr iaith!' gwaeddodd Tania arno pan feiddiodd geisio ei holi hi am y mater, er mai sibrwd 'gweiddi' oedden nhw'n ei wneud bellach rhag dihuno Mai.

'Does neb wedi rhoi cymaint o arian i'r iaith â ni!' dadleuodd Gethin.

'Does neb wedi *bod* heblaw chi!' taniodd Tania yn ei hôl. 'Rhyw ychydig o arian i gau'n cegau ni, beth yw hynny? Does dim ewyllys i'w gweld hi'n *byw!*'

Gwaredodd Gethin wrth feddwl amdani'n hau syniadau chwyldroadol ym meddwl eu merch fach. Weithiau, teimlai y byddai bywyd wedi bod yn haws heb gymhlethdod y mater iaith, heb y teimlad ei fod e – os nad Mai – yn eilradd i rywbeth na allai roi ei fys arno i Tania.

*

Curodd ddwywaith ar y drws yn ôl ei arfer a cherdded i mewn. Eisteddai'r PW y tu ôl i'w ddesg a golwg fyfyrgar ar ei wedd.

'Mae e gen i,' meddai eto, wrth y Prif Weinidog y tro hwn. 'Y syniad perffaith!'

'Dda gen i glywed,' meddai'r PW, ychydig bach yn watwarus, tybiodd Gethin, ond bwriodd yn ei flaen.

'Y protestiadau iaith,' dechreuodd. 'Maen nhw ar gynnydd, yn tydyn, a fawr o ddim y gallwn ni ei wneud amdanyn nhw.'

'Y garfan golledig,' cytunodd y PW. 'Y rhai sy'n costio arian diangen mewn stwff-sychu-paent-oddi-ar-waliau, y rheini na allwn ni byth feddwl am geisio'u denu nhw aton ni. Damia'r blwmin iaith!'

'Ond mae gen i ffordd o ennill eu calonnau a'u pleidleisiau heb orfod aberthu dim,' meddai Gethin.

'Go brin,' meddai'r PW yn amheus. 'Ond poera fe mas,' ychwanegodd wedyn.

'Cymraeg 2062!' Roedd Gethin yn ymwybodol ei fod e bron iawn wedi'i sgrechian yn ei awydd i'w rannu.

'Cymraeg 2062?' holodd y PW yn y niwl. 'Be, adroddiad? Arolwg? Ymchwiliad? Rhywbeth i roi'r argraff ein bod ni'n gwrando? Fe gawson ni rywbeth tebyg o'r blaen, do fe ddim?'

'Do, do, ond fe aiff hwn yn bellach,' meddai Gethin. 'Fe wnawn ni addo y bydd pawb yng Nghymru yn siarad Cymraeg erbyn 2062, y bydd pob ysgol yn dysgu pob pwnc drwy gyfrwng y Gymraeg, y bydd rheidrwydd cyfreithiol ar bob cwmni bach a mawr i gyflogi gweithwyr rhugl yn iaith eu gwlad, y caiff hanes Cymru ei ddysgu fel y dylai gael ei ddysgu, y bydd hi'n anghyfreithlon rhoi enw Saesneg ar dŷ ac iddo enw Cymraeg, y cawn ni Ddeddf Eiddo yn rhoi blaenoriaeth amlwg i brynwyr lleol, fod yr iaith yn orfodol ar gyfer pob swydd gyhoeddus, ac yn y cyfamser, fod gorfodaeth ar bob Aelod o'r Senedd i siarad Cymraeg ar lawr y Siambr os yw'n gallu gwneud hynny.' Bu'n ymdrech iddo gael ei wynt ato ar ôl rhedeg drwy'r rhestr hir o addewidion.

'Wyt ti'n gall?!' bloeddiodd y PW, a chodi ar ei draed.

'Ond fe fydd pobol wrth eu bodd,' meddai Gethin, yn hanner ymfoddhau yn syndod ei gyflogwr. Edrychai ymlaen at allu egluro. '*Rhai* pobol,' cywirodd ei hun.

'Allwn ni ddim addo dim o'r pethau hynny,' cyfarthodd y PW.

'O gallwn,' meddai Gethin, yn mwynhau pob eiliad. 'Fe allwn ni eu haddo nhw i gyd.'

'Ond y gost!' Roedd llygaid y PW yn anferth uwch ogof ei geg. Roedd hi'n amlwg ei fod e'n gwbl grediniol fod Gethin wedi ei cholli hi.

'Beth amdani?' gofynnodd Gethin yn ddiniwed.

'Byse waeth i fi addo'r lleuad!' taranodd y PW eto.

'Yn hollol,' cytunodd Gethin.

Disgynnodd tawelwch heddychlon dros yr ystafell wrth i'r PW sylweddoli grym y syniad roedd Gethin wedi'i gael.

'Wnawn nhw byth mo'i lyncu...' meddai'r PW yn y diwedd, ond doedd e ddim yn swnio'n berffaith siwr o hynny chwaith. 'Mae rhai ohonyn nhw'n rhy glyfar i lyncu'r addewid.'

Ceisiodd Gethin ddweud wrtho mai dal ati i bregethu'r addewid oedd y peth, a hynny gydag arddeliad. Fyddai gan yr amheuwyr ddim troed i sefyll arni.

'Fe geith y Toris strôc!' mwmiodd y PW wrtho'i hun wrth droi syniad Gethin yn ei feddwl. 'Dduw mawr, fe geith hanner ein haelodau *ni* strôc!'

'Falle wir,' meddai Gethin. 'Ond fe welan nhw gydag amser nad oes dim wedi newid. Ac erbyn hynny, fe fyddwn ni wedi hen ymddeol.'

'Neu wedi mynd i'r Siambr fawr uwchben,' gwenodd y PW. 'He-he,' meddai wedyn wrth i'r gwirionedd wawrio'n ara deg yn ei glopa. 'He-he, he-he'.

*

Anwedd

Yn y parc amser cinio, wrth iddo wthio Mai yn ei choetsh, sawrodd Gethin y teimlad o orfoledd a gawsai y bore hwnnw yn swyddfa'r PW. Roedd e wedi llwyddo i roi gwên ar wyneb y PW am y tro cyntaf ers amser hir.

'Ma bywyd ar ôl yn dy dad wedi'r cyfan,' meddai wrth ei ferch wrth iddo eistedd ar fainc y parc a throi'r goetsh i Mai ei wynebu. Cafodd lond ceg o ogan disynnwyr yn ôl ganddi a wnaeth i'w goesau deimlo'n wan gan mor fendigedig oedd ei llais i'w glustiau.

Doedd e erioed wedi sylweddoli cyn i Mai ddod cymaint o bleser oedd bod yn dad. Gallai'n hawdd dreulio gweddill ei oes yn gwrando arni'n diddanu ei hun yn y cot yn y boreau drwy ailadrodd synau gwahanol ei hiaith gyntefig ei hun. Bellach, roedd hi'n dweud 'Mam' a 'Dad', a bob tro y deuai'r naill air neu'r llall o'i cheg, fedrai Gethin ddim atal ei hun rhag gwenu. Roedd pob sain, pob gair hanner-ffurfiedig fel cyffur drwy ei gorff wrth i'w hiaith fach hi nesu fwyfwy at ei iaith e.

'Dy-dy-dy, wo-wo, aaaaa,' meddai Mai.

Doedd dim yn bertach na hi, ei symudiadau a'i hystwythder. Gallai dyngu ei bod hi wedi bod erioed, yn amsugno cariad ohono'n ddiarwybod a'i lenwi â chariad ar yr un pryd, fel anadlu, yn tywynnu drwy ei fod heb iddo wybod, yno cyn iddo ddod i'w nabod, yn ddwfn yn ei enaid yn rhywle. Ymnofiai yn ei harddwch, yn ffaith ei bod, ac ni allai oddef meddwl amdani'n peidio â bod. A hi oedd hi, ni fedrai fod yn ddim arall, yn neb arall, hi yn ei hanfod, yma, nawr, fel pe bai nawr yn mynd i bara am byth.

'Dad, dad, dad!' ffrwydrodd Mai i'w gyfeiriad, a'i ddihuno o'i lesmair. Gwenodd arni a theimlo gwres yr haf drwy ei esgyrn ar donfeddi llais ei ferch. Plygodd i roi cusan ar ei boch.

'Sys sys,' meddai Mai.

'Ie, sws!' gwaeddodd Gethin a'i gwasgu yn ei goflaid. 'Da iawn, Mai!' Rhoddodd sws i'w boch arall.

Cododd a gwthio'r goetsh tua'r fynedfa. Doedd awr amser cinio ddim yn ddigon. Allai e ddim cwyno nad oedd e wedi cael digon o absenoldeb tadolaeth pan gafodd hi ei geni. Ond nawr oedd yr amser gorau i fod gyda hi, wrth i'w thafod fach wneud synnwyr o'r synau, a rowlio drwy'r seiniau, wrth i eirfa ei byd flodeuo. Ei hiaith hi, ei iaith e. Y peth na allai mo'i gyffwrdd na'i weld, dim ond ei chlywed, yn lapio ei hun amdano fe a'i deulu bach fel carthen gyfforddus gyfarwydd na adawai i neb ei dwyn oddi wrtho; y llinyn arian rhyngddo a'i ferch, mor dynn ag aur, mor dyner â melfed ei llais, trysor anweledig eu holl ymwneud.

Trodd am adeilad y Senedd, a sylwi ar weithwyr y cyngor yn sychu 'Baz woz ere' oddi ar wal y parc, a theimlodd dwtsh bach o drueni dros Baz.

*

'Gethin Gethin Gethin,' cyfarchodd y PW ef yn nrws ei swyddfa a'i wahodd i mewn gan chwifio'i freichiau ar led fel pe bai Gethin yn ymgnawdoliad o bob peth da a ddigwyddodd iddo erioed.

'Dwi am sefydlu pwyllgor i edrych ar y cynllun, i lunio adroddiad, ac ymgynghoriad wedyn i lywio'r arolwg.'

'Reit...' meddai Gethin, heb fod hanner mor frwd bellach dros y syniad ers iddo ffarwelio â Tania a Mai wrth risiau'r Senedd.

'Be sy?' holodd y PW wrth nodi'r newid yn Gethin. 'Rhywun wedi rhoi sos coch ar dy salad di? Dwyt ti ddim yn cael traed oer, gobeithio?'

Wedi eiliad o saib, agorodd Gethin ei geg i wadu. 'Mae e'n syniad gwych,' meddai'n ofalus, 'ac os gweithith e, wel, fe fydd pawb ar eu hennill.'

'Ond nid gweithio yw'r pwynt!' gwenodd y PW yn llydan. 'Does neb o ddifri yn meddwl gweithith e. Neb yn y lle hwn ta p'un 'ny! Ond sdim ots, achos fydd neb ohonon ni 'ma i dalu'r pris am hynny!'

Aeth Gethin allan o swyddfa'r PW yn teimlo'n rhyfedd o

Stondin Cymdeithas yr Iaith, Eisteddfod Abertawe, 1964. O'r chwith i'r dde: Elidir Beasley, John Daniel (Cadeirydd), Tegwyn Jones, Gwyneth Rhys, Meic Stephens, Dai Pritchard a Harri Webb.
(Llun: Tedi Millward)

Cychwyn ymgyrch malu arwyddion, gosod y rhybudd, Penparcau, Tachwedd 1970. Ymysg y criw mae Dyfrig Siencyn, Rhodri Morgan, Eric Richardson, Arfon Gwilym, Ffred Ffransis, Hefin Elis ac Alwyn Elis.
(Llun: o ffeil Heddlu Dyfed Powys)

Sioe 'Rhaid yw eu tynnu i lawr', Ysgol Basg a Gŵyl y Gwanwyn, Cricieth, Ebrill 1971.
(Llun: Geoff Charles)

Rali Arwyddion, Llanelltyd, Hydref 1975.

Cwrs Dysgwyr, Llangrannog, 1976.

Cyn achos traddodi Rhodri Williams a Wynfford James, Hydref 1977.

Noson Werin yn yr Oen, Hermon, Ysgol Basg Crymych, 1982.
O'r chwith i'r dde: Tecwyn Ifan, John Griffiths, Terwyn Tomos.

Taith Gerdded o Langefni i Gaerdydd dros Gorff Datblygu Addysg Gymraeg, Eisteddfod Llangefni, 1983.

Protest yn erbyn Seisnigrwydd Lein Bach Stiniog, Blaenau Ffestiniog, Medi 1984.
(Llun: Dorothea Heath, NUJ)

Rhan o'r difrod a achoswyd gan Lleucu Morgan (Lleucu Roberts heddiw), Meinir Ffransis a Dafydd Morgan Lewis i bencadlys y Ceidwadwyr Cymreig yng Nghaerdydd yn rhan o'r ymgyrch dros Gorff Datblygu Addysg Gymraeg, Hydref 1984.

Cyfarfod o'r Grŵp Tai dan arweiniad Dyfed Edwards cyn cau swyddfa 5 Maes Albert, Aberystwyth, 29 Rhagfyr 1986.
(Llun: Arvid Parry-Jones)

Cefnogi'r ymgyrch Gwrth-Apartheid, 1986.
(Llun: Marian Delyth)

Cyfarfod croesawu Ffred Ffransis o garchar a gynhaliwyd yn Nhalybont, Ceredigion, 1986. Gyda Ffred mae Merêd a Dafydd Iwan.
(Llun: Marian Delyth)

Protest 'Deddf Iaith Newydd' o flaen Gorsaf Reilffordd Aberystwyth, 5 Mai 1986.
(Llun: Marian Delyth)

Protest dros Ddeddf Eiddo, Aberystwyth, 1988.
(Llun: Marian Delyth)

Deddf Eiddo, 1991.
(Llun: Aled Jenkins)

Baner fawr yn hongian o adeilad Siop y Pethe, Aberystwyth yn ystod Cyfarfod Cyffredinol 1991.

Sticeri ar fin sbwriel yn Stryd Fawr Aberystwyth.
(Llun: Marian Delyth)

Taith Gerdded Cymdeithas yr Iaith 'Senedd i Bobl Cymru', 1997.
(Llun: Marian Delyth)

Ympryd dros heddwch yn erbyn rhyfel Irac, 2001.
(Llun: Marian Delyth)

Dafydd Morgan Lewis a Kate Crockett yn y swyddfa.
(Llun: Marian Delyth)

Stondin y Gymdeithas wedi iddi nosi ar faes Eisteddfod Genedlaethol Eryri a'r Cyffiniau, 2005. Yn ystod yr Eisteddfod bu Ffred Ffransis ar ympryd pedwar diwrnod dros ddyfodol cymunedau Cymraeg yn uned y Gymdeithas.
(Llun: Marian Delyth)

Hywel Griffiths yn annerch torf ar faes Eisteddfod Genedlaethol yr Wyddgrug, 2007.
(Llun: Marian Delyth)

Morrisons Caernarfon, 3 Mai 2008. Un o gyfres o brotestiadau i fynnu cael mwy o Gymraeg mewn archfarchnadoedd.

Adam Price yn annerch rali o flaen y Senedd yng Nghaerdydd i bwyso dros fesur iaith cryf i'r Gymraeg, 2009.
(Llun: Marian Delyth)

Neges y Gymdeithas yn gryno ar gefn crys Rhys Llwyd mewn protest ar faes Eisteddfod Genedlaethol y Bala, 2009.
(Llun: Marian Delyth)

Protest ym mhabell Llywodraeth Cymru, Eisteddfod Genedlaethol Glyn Ebwy, 2010.
(Llun: Marian Delyth)

Trên y Chwyldro, Eisteddfod Genedlaethol Wrecsam, 2011.
(Llun: Marian Delyth)

Parti 50 ar faes Eisteddfod Genedlaethol Bro Morgannwg, 2012. O'r chwith i'r dde: Bethan Williams, Siân Howys, Gareth Miles, Karl Davies, Branwen Niclas, Cynog Dafis, Aled Davies.
(Llun: Marian Delyth)

Siwmper Miri Collard. Coffa da amdani.
(Llun: Marian Delyth)

Toni Schiavone a'i ŵyr bach, Llew Ifan Schiavone, Rali 50 mlynedd ers Trefechan, 2 Chwefror 2013.
(Llun: Marian Delyth)

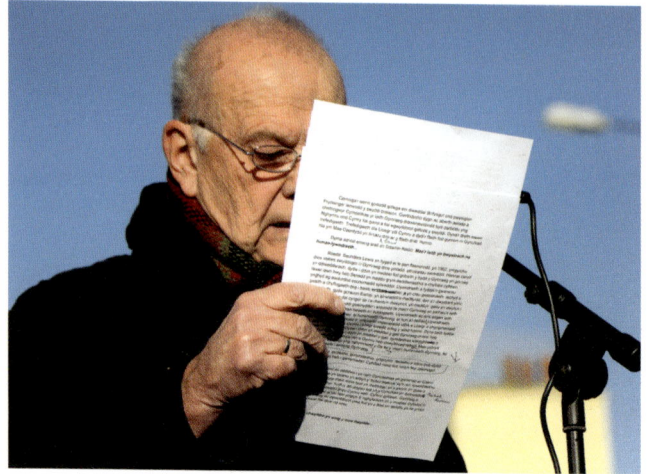

Gareth Miles yn areithio ar Bont Trefechan, 2 Chwefror 2013.
(Llun: Marian Delyth)

Rali 'Dwi eisiau byw yn Gymraeg', Caerfyrddin, 19 Ionawr 2013.
(Llun: Lleucu Meinir)

Kizzy Crawford yn perfformio yn gig Cymdeithas yr Iaith ar y nos Lun, Eisteddfod Dinbych, 2013.

Robin Farrar, Cadeirydd y Gymdeithas 2013-14 ar stondin y Gymdeithas, Eisteddfod yr Urdd yn y Bala, 2014.

Geraint Jarman yn cloi gigs Cymdeithas yr Iaith, Eisteddfod Môn 2017.

Y Cynghorydd Cris Tomos a Steve Wilson yn y Rali 'Na i dai haf', traeth Parrog, Hydref 2021.
(Llun: Marian Delyth)

Rali 'Nid yw Cymru ar Werth' o flaen y Senedd, Caerdydd, 6 Tachwedd 2021.
(Llun: Lleucu Meinir)

John Trefor Jones o Lanuwchllyn gyda bathodyn gwreiddiol y Gymdeithas yn ei gap. Rali Tynged yr Iaith (Nid yw Cymru ar Werth), Aberystwyth.
(Llun: Marian Delyth)

Rali Tynged yr Iaith (Nid yw Cymru ar Werth), Aberystwyth, 19 Chwefror 2022.
(Llun: Marian Delyth)

drist o ystyried mai dyma'r diwrnod mwya cynhyrchiol iddo ei gael ers tro byd.

Eisteddodd wrth ei ddesg wrth y ffenest ac ysgrifennu 'Dwi yma' â blaen ei fys yn yr anwedd ar ei gwaelod, fel roedd Baz wedi sgwennu 'Baz woz ere' ar wal y parc. 'Mae hi yma' ysgrifennodd wedyn yn ymyl 'Dwi yma' wrth feddwl am Mai, ac wrth iddi wawrio arno nad peth i chwarae ag e yw'r dyfodol.

*

Wrth edrych drwy'r hen flychau cardfwrdd yn stordy'r hen Senedd cyn iddi symud i Senedd-dy newydd y Gymru Rydd, daeth Mathew o hyd i ffeil â 'Cymraeg 2062' wedi'i deipio ar y label ar ei meingefn. Mae hon yn hen, meddyliodd, chlywais i ddim am y cynllun ers degawdau. Agorodd y ffeil, gan wasgaru'r haenen o lwch. Cofiodd glywed sôn mai'r PW cyn y PW cyn y PW cyn y PW a oedd yn fós arno fe'i hunan oedd wedi rhoi'r cynllun ar waith. Cofiodd hefyd fod 'na lawer wedi'i wneud ar y pryd i argyhoeddi pobl eu bod nhw o ddifri ynglŷn â'r addewidion: adroddiad manwl gyda thablau lliwgar a mapiau dirifedi; ymchwiliadau trylwyr; ymgynghoriadau gwerthfawr; argymhellion o bwys mawr a phwyllgorau syber iawn.

Aeth Mathew â'r ffeil allan i'r coridor, at y troli a gynhwysai ddeunydd i'w gludo i'r archifdy. Gosodd hi'n ofalus rhwng ffeil 'Cymraeg 2050' a ffeil 'Cymraeg 2070' gan wylio rhag byseddu gormod ar y papur hen a oedd mor hawdd ei rwygo, a'r print arno'n tueddu i ddiflannu mewn golau dydd fel ysgrifen mewn anwedd.

Un o'r rhai lwcus

Helen Prosser

Dwi'n fy ystyried fy hun yn un o'r rhai lwcus. Ces i addysg ragorol yn Ysgol Gyfun Tonyrefail yn y saithdegau a llwyddo i ddod yn rhugl yn y Gymraeg. Rhan o'r cwrs Safon Uwch ail iaith oedd astudio barddoniaeth Gwenallt a hynny ddeffrodd yr anifail gwleidyddol ynof. Cyrhaeddais Neuadd Pantycelyn ganol mis Medi 1980, heb fod wedi yngan gair o Gymraeg ers fy mhrawf llafar Safon Uwch yn ôl ym mis Mai. Ac roedd yn sioc. Cofiaf ffonio Mam gan ddweud, 'Mam, everything is in Welsh.' Ond goroesais. Roeddwn yn ymdopi'n ieithyddol o'r cychwyn cyntaf, mwy neu lai, ond y peth a deimlais i fwyaf oedd y gagendor diwylliannol rhyngddo i a'm cyfoedion ym Mhantycelyn – methu ymuno yn y canu yn y Cŵps ddiwedd nos a ddim yn deall ergydion jôcs Bara Caws yn eu rifiw flynyddol pan oeddwn yn fy mlwyddyn gyntaf. Erbyn gweld y rifiw pan oeddwn yn fy ail flwyddyn, roeddwn yn gallu ymuno yn y chwerthin ac roedd honno'n foment fawr i fi. Mae dysgu iaith yn golygu cymaint yn fwy na dysgu gramadeg a geirfa.

Roeddwn i am gael fy nhrin ym Mhantycelyn fel unrhyw lasfyfyriwr arall, doeddwn i ddim yn disgwyl, nac yn chwennych, unrhyw driniaeth arbennig am fod yn 'ddysgwr'. Ymunais â Chymdeithas Llewelyn, cymdeithas oedd yn rhoi cyfle i ni'r siaradwyr Cymraeg roi cynnig ar ddysgu'n cyd-fyfyrwyr di-Gymraeg. Gwyddeles o'r enw Angela oedd yn dod i'm hystafell wely i yn wythnosol i eistedd ar y gwely a finnau'n ceisio trosglwyddo ychydig o Gymraeg iddi. Mae'n dda gyda fi ddweud ei bod hi bellach yn siaradwraig hollol rugl, dim diolch i'm hymdrechion i. Roeddwn yn weithgar gydag Undeb Myfyrwyr Cymraeg Aberystwyth (UMCA), ac wrth gwrs arweiniodd hynny yn ei dro at ymuno â Chymdeithas yr Iaith.

Yr annwyl Walis Wyn George oedd trefnydd y Gymdeithas ar y pryd ac fe, yn anad neb, a'm tynnodd i mewn i ymgyrchoedd di-ri. Hawdd iawn oedd bod yn rhan o'r gweithgarwch a'r bwrlwm yn Aberystwyth ond y weithred a wnaeth wahaniaeth i fi oedd mynd i lawr i brotest yng Nghaerdydd yn ystod y gwyliau. Un o'r ymgyrchoedd newydd ar y pryd oedd yr ymgyrch dros Gorff Datblygu Addysg Gymraeg ac roedd y brotest ar dir Cyd-bwyllgor Addysg Cymru (CBAC). Ac yn y brotest honno y cwrddais i â Ffred Ffransis, a ddysgodd gymaint i fi'r diwrnod hwnnw. Buon ni'n gosod posteri ar swyddfeydd CBAC, a'r gofalwr, fel byddai rhywun yn disgwyl, yn gandryll. Ond roedd Ffred mor gwrtais gyda fe – yn egluro nad oedd y brotest yn ymosodiad arno fe mewn unrhyw ffordd ac yn egluro ein hamcanion. Roedd Ffred yn parchu'r gofalwr a dwi bob amser wedi ceisio cario hynny gyda fi – dangos parch at bobl eraill, beth bynnag fo'u barn.

Dydw i erbyn hyn ddim yn gallu dychmygu fy mywyd i heb y Gymraeg ac mae Cymdeithas yr Iaith wedi bod yn rhan fawr o'm stori i. Rhan enfawr arall o'r stori yw rhoi cyfle i bobl eraill gael y cyfle ges i i gofleidio'r Gymraeg. Ac roedd yn hyfryd cael arwain Grŵp Dysgwyr y Gymdeithas am gyfnod. Ein prif gyfraniad ar y pryd oedd trefnu cyrsiau penwythnos yn Llangrannog ddwywaith y flwyddyn. Yn y dyddiau hynny, roedden ni'n llenwi'r gwersyll gyda dros gant o ddysgwyr – rhoi profiad preswyl sy'n rhan mor werthfawr o'r broses ddysgu – y profiad trochi.

Fel dywedais i, dwi'n un o'r rhai lwcus – nid yn unig y ces i fy nysgu yn dda ond hefyd ces i brofiad trochi trwy ddewis mynd i fyw yn Neuadd Pantycelyn ac ymdaflu i fywyd Cymraeg. Ond dwi wedi treulio fy ngyrfa gyfan gydag oedolion sy'n dysgu'r

Gymraeg heb yr amodau ffafriol ges i o allu mynd i fyw mewn awyrgylch hollol Gymraeg a newidiodd fy mywyd.

Felly, sut mae cael mwy o oedolion i gofleidio'r Gymraeg, ei dysgu hyd at ruglder a'i rhoi ar waith yn eu bywydau pob dydd? Oni fyddai'n braf erbyn 2062 fod pawb yn teimlo bod angen y Gymraeg yn eu bywydau yng Nghymru? Sut mae gwneud hynny? Sut mae gwneud yr iaith mor ddeniadol ac mor anhepgor? Sut mae dangos i oedolion ei bod yn werth yr ymdrech o'i dysgu? Mae'r ateb i'r cwestiwn y tu hwnt i fi, a thu hwnt i ni i gyd ar hyn o bryd dwi'n tybio. Ond mae'n nod i anelu ato. Un frwydr barhaus sydd gyda ni wrth ddysgu'r Gymraeg i oedolion yw nad oes bri ar ddysgu ieithoedd yn gyffredinol yng Nghymru nac yng ngwledydd Prydain. Fy uchelgais fel tiwtor Cymraeg dros bawb sy'n cerdded i mewn drwy'r drws (neu'n agor drws rhithiol y cyfrifiadur y dyddiau hyn) yw eu bod yn dod yn siaradwyr sy'n defnyddio'r Gymraeg. Cred dysgwyr sy'n dod o gyfandir Ewrop a thu hwnt fod hynny'n bosib wrth ymuno â chwrs Cymraeg. Gwyddant fod dysgu Cymraeg hyd at ruglder yn bosib. Gwyddant mai ychwanegu sgil yw dysgu iaith. Mae'n gyfuniad o feddylfryd a meddu ar sgiliau dysgu iaith.

O ddenu pobl i ddysgu, sut mae eu cael i ddyfalbarhau hyd at ruglder? Alla i ddim dweud cymaint dwi'n edmygu'r oedolion sy'n dysgu'r Gymraeg. Mae niferoedd cynyddol yn cael y cyfle i ddysgu yn y gwaith, ond i'r rhan fwyaf mae'n rhywbeth maen nhw'n ei wneud o'u gwirfodd yng nghanol eu bywydau prysur. Cofiaf ddysgu un ferch a aeth ymlaen i ddod yn Ddysgwr y Flwyddyn oedd yn byw ym mhen uchaf y Rhondda ac yn teithio i Gaerdydd i'r gwaith bob dydd. Roedd ei chyflogwr yn barod i'w rhyddhau i ddod atom dri bore'r wythnos i ddysgu'r Gymraeg – naw awr yr wythnos. Ond nid cael ei rhyddhau i ddysgu'r iaith roedd hi ond yn gorfod gwneud ei holl oriau gwaith arferol hefyd. Sut gall rhywun beidio ag edmygu ymdrechion fel hyn? Gwych dweud, gyda llaw, bod merch y person yma bellach yn athrawes Gymraeg yn Ysgol Cwm Rhondda. Dyma'r straeon mae angen eu dyblu a'u treblu. Ond nid pawb sy'n gallu neilltuo cymaint o oriau i ddysgu. Mae'r rhan fwyaf yn dewis dysgu unwaith yr wythnos ond mae technoleg wrth gwrs yn gallu helpu. Mae posibiliadau pellgyrhaeddol technoleg i ategu at y dosbarthiadau yn agor drysau i bobl ddysgu'n gynt. Ond trist iawn yn fy marn i fyddai gweld sefyllfa yn 2062 lle mae pobl ond yn dysgu'r Gymraeg trwy dechnoleg. Mae angen y cysylltiadau rhyngbersonol, mae angen creu'r rhwydweithiau cefnogaeth ac mae angen arwain ein dysgwyr at ein bywydau Cymraeg. Mae angen i'n dysgwyr beidio â bod yn ddysgwyr a chyfrannu at ein cymdeithasau a'n cymunedau a'u harwain. Dyna'r nod i fi.

Rwyf yn llunio'r pwt hwn pan fo cyfnod Covid yn dal i gael effaith enfawr ar y sector Dysgu Cymraeg ond mae llawer o sgil-effeithiau cadarnhaol wedi bod i ni fel sector. Un ohonyn nhw yw'r cyhoeddusrwydd gwych sy wedi bod i'r modd mae Dysgu Cymraeg wedi goroesi ac ehangu trwy droi at dechnoleg dros nos a sicrhau gwasanaeth di-dor. Un o'r sgil-effeithiau hynny yw'r straeon cadarnhaol sydd wedi bod yn y wasg a'r cyfryngau. Mewn cyfnod pan oedd y byd yn edrych am straeon newyddion da i godi calon, roedd Dysgu Cymraeg yna – yn adrodd hanesion rhyfeddol y bobl sy'n dysgu ac yn defnyddio'r iaith. Ac mae angen mwy byth o hynny i ddangos beth yw gwerth y bobl ryfeddol hyn i gynaliadwyedd ein hiaith.

Wrth gwrs, er mwyn cyrraedd ein nod, mae angen i bob un ohonom ddyblu ein hymdrechion i ddefnyddio'r iaith gyda phobl sy'n ei dysgu ac i roi croeso i bawb a'u tynnu i mewn i'n gweithgarwch Cymraeg ni. Y natur ddynol yw hi ein bod am gymysgu gyda'n cyfeillion agos a'r bobl rydyn ni'n teimlo'n gwbl gartrefol yn eu cwmni, ond heb dynnu'r siaradwyr newydd i mewn i'r cylchoedd cyfoethog hynny, byddan nhw'n aros mewn cylchoedd cartrefol gyda dysgwyr eraill, neu'n waeth byth, yn colli eu sgiliau yn Gymraeg ar ôl gweithio'n galed i'w hennill yn y lle cyntaf.

Os oes gennych awr i'w sbario ac eisiau cyfrannu at yr

ymgyrch i helpu ein siaradwyr newydd, mae cynllun Siarad yn mynd o nerth i nerth. Cynllun wedi'i seilio ar gynllun yng Nghatalonia yw e, lle mae siaradwyr rhugl yn ymrwymo i dreulio deg awr yn cynorthwyo rhywun sy'n dysgu. Mae hyn yn golygu sgwrsio wrth gwrs, ond gall olygu llawer mwy. Mae'n gyfle iddynt ddysgu mwy am holl gyfleoedd isadeiledd y Gymraeg fel rhaglenni S4C a Radio Cymru, llyfrau newydd, cylchgronau a chylchgronau digidol. Ond gall fod yn fwy byth – yn gyfle i gynorthwyo dysgwr i integreiddio trwy fynd â nhw i ddigwyddiadau yn lleol. Ac un o'r pethau sydd wedi fy synnu fwyaf yw ymateb y gwirfoddolwyr rhugl. Maen nhw'n sylweddoli bod cwrdd â ffrind newydd yn cyfoethogi eu bywydau nhw – fel y cefnogwr rygbi brwd a gafodd ei baru gyda newyddiadurwr rygbi un o'r papurau mawr Llundeinig, fel y person sy'n byw ar ei ben ei hun ac wedi darganfod cwmni rhithiol newydd a difyr mewn cyfnod clo.

Fel rhywun sydd wedi treulio fy ngyrfa gyfan yn gweithio gydag oedolion, dwi ddim yn teimlo'n gymwys i wneud sylwadau ar y sefyllfa yn ein hysgolion. Ond fy nyhead yw bod pob plentyn yn cael y cyfle a ges i – y cyfle i ddysgu'r iaith a'r tân yn y bol i fynd ymlaen i ddefnyddio'r Gymraeg bob cyfle a gaiff.

Felly, erbyn i Gymdeithas yr Iaith droi'n gant oed, hoffwn i weld gwlad gynhwysol lle mae pawb yn teimlo'n gartrefol yn defnyddio'r Gymraeg, lle dyw pobl ddim yn cael eu beirniadu am wallau ond yn cael eu gwobrwyo am ymdrech. Dyw hon ddim yn ddadl gyda llaw am ostwng safonau, mae'n ddadl dros dderbyn pawb sy'n fodlon rhoi cynnig ar ddefnyddio'r Gymraeg. Byddai'n braf meddwl bod ein dosbarthiadau cymunedol yn llawn pobl sy'n dysgu o ddifri am eu bod yn gweld y bydd cyfleoedd iddynt ddefnyddio'r Gymraeg wrth ei dysgu. Fydd dim ffiniau 'ni' a 'nhw', ond siaradwyr Cymraeg gyda'i gilydd. Wrth gwrs, rhaid wrth lawer iawn o bethau eraill y byddwch yn darllen amdanynt yn y gyfrol hon megis sicrhau bod y farchnad dai yn galluogi pobl i aros yn eu cymunedau, sicrhau swyddi i bobl yn eu cymunedau, a llywodraeth sy'n gwbl ymrwymedig i filiwn o ddefnyddwyr Cymraeg.

I ddychwelyd at fy magwraeth i. Yn blentyn yn tyfu i fyny yn ddi-Gymraeg yn Nhonyrefail, fyddwn i byth wedi credu neb fyddai wedi dweud wrtho i y byddwn i wedi byw fy mywyd trwy gyfrwng y Gymraeg, a hynny trwy aros yn fy mhentref genedigol fy hun. Trwy weithio gyda'n gilydd, faint yn rhagor o fywydau y gallwn ni eu trawsnewid?

Peintio'r byd yn wyrdd

Haf Elgar

Fe fydd Cymdeithas yr Iaith Gymraeg, neu 'y Gymdeithas' yn golygu pethau gwahanol i bawb sydd wedi ymwneud â hi, a phawb sy'n taro golwg dros y gyfrol yma. Does dim un profiad, un stori sydd yr un fath i bawb, er bod ralïau a digwyddiadau wedi ein dwyn ynghyd, a llawer yn gyffredin i ymgyrchoedd, Seneddau a gweithredoedd ar hyd y degawdau.

I mi mae'n stori bersonol, a hefyd yn un wleidyddol – gan fod y gwleidyddol yn bersonol wedi'r cwbl. Mae'n un sy'n ymestyn yn ôl i ddyddiau cynnar y Gymdeithas, ar draws cenedlaethau o fy nheulu. Yn stori a ffurfiodd yr hyn yr ydw i heddiw, fy nghyfeiriad mewn bywyd a sut dwi'n gweld y byd.

Ymunais i â'r Gymdeithas gyntaf yn Eisteddfod Aberystwyth yn 1992 pan oeddwn i bron yn dair ar ddeg mlwydd oed. Dim ond munud gymerodd hi i lenwi ffurflen, trosglwyddo arian a chael llofnod Dafydd Morgan Lewis ar gerdyn aelodaeth, ond fe newidiodd fy mywyd. Roeddwn i eisiau ymuno'n gynt – wedi fy ysbrydoli gan ymgyrchwyr cryf a phenderfynol fu yn y carchar gan gynnwys Branwen Niclas, Alun Llwyd ac Angharad Tomos – ond braidd yn ifanc i wneud a fy rhieni'n awyddus i sicrhau mod i'n deall egwyddorion a daliadau'r Gymdeithas cyn ymuno. Doedd neb o fy ffrindiau'n weithgar yn y Gymdeithas ar y pryd, ond roedd ymwybyddiaeth wleidyddol yn amlwg yn y teulu pan oeddwn i'n blentyn yn yr wythdegau – o streic y glowyr, i foicotio nwyddau De'r Affrig oherwydd apartheid, a'r brwydro cyson am ysgolion Cymraeg yn Abertawe. Ac o ran gweithredu dros yr iaith roeddwn i'n falch o Mam a fy wncwl Llew oedd wedi bod yn y carchar dros sianel Gymraeg, a fy mam-gu am fod yn rhan o drefniadau llosgi'r ysgol fomio ym Mhenyberth.

Ychydig dros flwyddyn wedi ymaelodi a dyma fi'n teithio hyd a lled Cymru wythnos hanner tymor Hydref '93 yn gweithredu, gigio, protestio a thrafod ar daith 'Rhyddid i'r Ifanc' gyda fy ffrind gorau Esyllt Williams. Roedd hi'n wythnos arbennig – wrth i mi gael fy nhrwytho mewn pob math o ymgyrchu. Ac yn addysg wleidyddol benigamp, gan ddysgu gan aelodau ifanc eraill fel Iwan Standley a Lleucu Meinir, a gan rai o aelodau profiadol y Gymdeithas gan gynnwys Ffred Ffransis, gyda Sioned Elin ac Aled Davies yn gofalu amdanom drwy'r cyfan.

Erbyn hynny roeddwn i ac Esyllt ar bwyllgor trefnu gigs Eisteddfod Glyn-nedd '94, ac ymunon ni â Senedd y Gymdeithas yn bedair ar ddeg oed, fi yn swyddog ieuenctid Morgannwg Gwent dan adain ofalus Charli – Charlotte Williams – oedd yn swyddog datblygu i'r Gymdeithas a'n cefnogai ni i redeg gweithdai, sefydlu celloedd ysgolion a threfnu digwyddiadau. Doedd dim llawer o weithgaredd gwleidyddol ymysg ysgolion Abertawe ar y pryd ond roedd cwrdd ag aelodau gweithgar o ysgolion ledled siroedd Morgannwg a Gwent yn hwb mawr.

Ond ar y cyfan nid gweithgaredd 'ieuenctid' oedd canolbwynt fy ngweithredu gyda'r Gymdeithas yn fy arddegau. Dyna un o fy hoff bethau am fod yn rhan o'r Gymdeithas – doedd oed ddim yn rhwystr, gyda phobl o bob oed yn 'gyfoeswyr' a chydweithwyr i mi ar Senedd y Gymdeithas. A chefais anogaeth a chefnogaeth gan y rhai fu'n fath ysbrydoliaeth i mi, gan gynnwys menywod cryf egwyddorol fel Siân Howys – un o'r areithwyr gorau i mi glywed hyd heddiw.

Roedd hi fel cael teulu mawr estynedig ar draws Cymru (er mae gennai un o'r rheini hefyd!), ac roedden ni'n aml yn cael lifft i Aberystwyth ar gyfer penwythnos Senedd, rali neu'r 'Cyf

Cyff' gyda sach gysgu dan fy mraich, ac yn cael croeso a llety bob tro.

Bues i ar Senedd y Gymdeithas fel Ysgrifennydd a Chadeirydd y Grŵp Statws, ac yn Ysgrifennydd y Grŵp Diwylliant, tan i mi symud i Gaeredin i astudio ar ddiwedd y nawdegau. Ces i'r fraint o arwain ymgyrch 'Ildiwch i'r Gymraeg' dros Ddeddf Iaith Newydd yn dilyn y ddeddf wan a gafwyd yn 1993, ac ymgyrchu dros ail sianel radio Gymraeg. Ac yn y blynyddoedd rhwng refferendwm datganoli '97 a sefydlu'r Cynulliad, gwthio i sicrhau fod cyfieithu ar y pryd a darlledu dwyieithog o'r siambr ar y cyfryngau. Erbyn hyn roeddwn i yn y brifysgol yn Aberystwyth a dwi'n cofio ysgrifennu nodyn i'w adael mewn twll colomen darlithydd yn yr Adran Gymraeg i egluro mod i'n colli darlith y diwrnod canlynol er mwyn mynd i Gaerdydd gyda Branwen Niclas i gwrdd â phenaethiaid S4C! Fe ges i faddeuant am y fath esgus dilys.

Trwy fy mhrofiad gyda'r Gymdeithas ces i ddatblygu sgiliau ymgyrchu di-ri, a gwersi pwysig – i gwestiynu, codi llais, herio awdurdod pan fo angen, a chwarae fy rhan yn newid y drefn. Yn wir roedd hi'n ddyletswydd cymdeithasol i fedru gwneud. Felly diolch i'r Gymdeithas, ymgyrchydd fydda' i fyth.

Yn ogystal â sgiliau ymgyrchu ymarferol, cefais addysg wleidyddol eang ac eangfrydig – golwg ryngwladol ar frwydrau ieithyddol a phobloedd dan ormes ledled y byd. Magwyd ynof y pwysigrwydd o seilio daliadau ac ymgyrchoedd ar egwyddorion cadarn megis y dull di-drais, a dealltwriaeth o'r cyd-gysylltiad rhwng dyfodol iaith, cymuned, pŵer a systemau gwleidyddol. Y rhyng-gysylltiad yma yw sail un o sloganau'r Gymdeithas ers yr wythdegau sef bod yn 'rhaid i bopeth newid' os yw'r Gymraeg i fyw.

A'r pwynt olaf yma adawodd yr ôl dyfnaf, ac efallai mwyaf uniongyrchol ar yr hyn dwi'n ei wneud hyd heddiw.

Mae'n slogan sy'n gofyn am ddadansoddiad sy'n mynd tu hwnt i fater 'statws' swyddogol yr iaith (cyn bwysiced ag yw hynny) i'r ffactorau sydd eu hangen i'r Gymraeg oroesi – bod rhaid cael cyfleoedd gwaith yn lleol, rhywle i fyw, diwylliant a'r amodau economaidd cywir er mwyn i'r Gymraeg fyw. Mae'r dadansoddiad yna yn greiddiol i'r Gymdeithas, ac wedi cadw'r Gymdeithas yn symudiad mor bwerus ar hyd y degawdau. Ddaw'r frwydr ddim i ben gydag un ddeddf neu ffigyrau positif o un cyfrifiad. Mae angen yr 'eco system' gywir i'r Gymraeg, neu i unrhyw iaith, fyw a ffynnu, ac mae'r frwydr yna'n barhaus.

Datblygodd hynny'n ddiddordeb ynof i mewn materion rhyngwladol ac yn systemau gwleidyddol y byd, ac mewn gwleidyddiaeth Ewropeaidd fel modd i gydweithio ar broblemau systemig sy'n cael effaith ryngwladol. Ac ar y lefel uchaf yr hyn sydd fwyaf creiddiol i barhad a diogelwch yn y byd yw'r byd ei hun – y blaned yr ydym i gyd yn byw arni ac yn dibynnu ar ei hadnoddau.

Ac mae rheolaeth dros a defnydd o'r adnoddau yna yn anghyfartal, yn gwestiwn o bŵer ac yn wleidyddol ei natur – rhaid holi pwy sydd yn elwa a phwy sydd ar eu colled o ran pobol a natur.

Mae'n systemau gwleidyddol ac economaidd yn gwobrwyo defnyddio adnoddau prin ac elwa ar y byd a'i bobl, ac yng Nghymru rydyn ni wedi bod yng nghanol hyn ers cychwyn y chwyldro diwydiannol a chloddio glo, llechi a mwynau eraill o'n tir. Cafodd llawer o'r Gymru fodern ei llunio o ganlyniad i'r datblygu yma, ond bu effeithiau negyddol amgylcheddol a chymunedol, a'r rheini'n effeithio ar y tlotaf a'r cymunedau mwyaf bregus yn fwy nag unrhyw un arall.

Mae hyn yn dal i fod yn wir yng Nghymru, gydag effeithiau newid hinsawdd a llygredd amgylcheddol yn taro yn anghyfartal ac anghyfiawn – o lo brig ym Merthyr i lygredd aer ym Mhort Talbot, tlodi tanwydd, yr argyfwng tai, tlodi gwledig a diffyg cysylltiadau trafnidiaeth gyhoeddus.

Ac mae'n wir yn rhyngwladol – mae newid hinsawdd yn effeithio ar wledydd de y byd a chymunedau tlawd yn gyntaf a mwyaf dwys. Yr anghyfiawnder systemig yma sy'n berthnasol i bob brwydr dros gyfiawnder a thegwch, gan gynnwys ymgyrchoedd y Gymdeithas, ac sy'n gyrru fy ngwaith i gyda mudiad cyfiawnder amgylcheddol. Mae'r newid yn yr hinsawdd yn anochel yn golygu colli tiroedd a chynefinoedd, a chyda hynny golli bywoliaethau, colli ffyrdd o fyw, ac ie, colli ieithoedd. Mae difodiant pob rhywogaeth ac iaith yn golled i ecosystem y byd. A'r un ffactorau rhyngwladol a lleol sy'n bygwth ieithoedd a'r amgylchedd.

Fe welir hynny yn yr Amason wrth i bobloedd brodorol gael eu hel oddi ar eu tiroedd cynhenid i ddatblygu ffermio dwys, ac wrth i danau ddinistrio'r tiroedd yna drachefn. Ac mae'n cael ei fygwth yn y Lapdir gyda phobloedd Sami dan fygythiad gorfod symud o'u tiroedd oherwydd y cynhesu byd-eang sy'n gorfodi cymunedau cyfan i fudo, gan golli eu diwylliant a'u hiaith wrth wneud.

Mae brwydr y Gymraeg yn rhan o'r frwydr dros bob iaith, cymuned a diwylliant sydd dan fygythiad. A does dim sy'n naturiol nac yn anochel am y bygythiadau yna, na ffawd un iaith dros y llall.

Mae twf mewn ffoaduriaid hinsawdd yn anochel yn y dyfodol, a'n braint ni yw cael eu croesawu a'u cefnogi i ddod yn rhan o'n cymunedau, gan gynnwys y gwaith gwych sydd eisoes yn ei le i gynnig dosbarthiadau Cymraeg yn rhad ac am ddim i newydd-ddyfodiaid. Ond mae'n allweddol hefyd clywed eu lleisiau a dysgu oddi wrthynt am yr amodau a'u gwthiodd o'u cartrefi, a lle bo'n bosib i ymgyrchu yn erbyn yr amodau yna – p'un ai effaith o newid yn yr hinsawdd megis newyn, llifogydd, sychder a thywydd eithafol, neu orthrwm, rhagfarn a thlodi a oedd yn gyfrifol am orfodi pobl i adael eu cartrefi a ffoi i ddiogelwch gwlad arall.

Felly wrth i ni edrych am atebion a gwneud newidiadau i leihau ein hallyriadau yng Nghymru a chyrraedd sero net rhaid sicrhau ei bod hi'n drawsnewidiad teg a chyfiawn – nad ydym yn ailadrodd patrymau'r gorffennol ac yn gwaethygu'r anghyfiawnderau sydd yn ein cymdeithas. Rhaid sicrhau bod polisïau i daclo'r argyfyngau hinsawdd ac ecolegol hefyd er budd pobl ac yn taclo'r anghyfiawnderau yn ein cymdeithas gan gynnwys creu amodau ffafriol i ffyniant yr iaith.

Mae hefyd yn golygu cymryd ein cyfrifoldebau rhyngwladol o ddifri, gan sicrhau cefnogaeth ariannol i wledydd sy'n datblygu i wneud hynny mewn modd sydd er lles eu pobl ac yn ddi-garbon. Gallwn brynu nwyddau masnach deg a datblygu rhagor o bartneriaethau gyda chynhyrchwyr gyda safonau gweithio ac amgylcheddol uchel. Ac mae'n rhaid i ni leihau ein defnydd o adnoddau'r byd a dim ond defnyddio cyfran deg ohonynt, gan ddibynnu mwy ar nwyddau, bwyd, a deunyddiau a gynhyrchwn yn lleol, gan gymryd cyfrifoldeb am ailgylchu neu ailddefnyddio adnoddau yn hytrach na chreu gwastraff.

Mae'r frwydr dros yr amgylchedd a thros gyfiawnder hinsawdd i fi yn frwydr dros einioes ein cymunedau, o sicrhau bod pobl yn medru cyd-fyw gyda natur mewn modd sydd yn cyfoethogi'r cyfan ac yn gwella'n dyfodol yn hytrach na'i ddinistrio. A dyna yw byw mewn modd cynaliadwy.

Y diffiniad mwyaf syml o gynaliadwyedd yw i adael y byd, a'ch rhan fach chi ohono, mewn cyflwr gwell nag yr oedd hi pan dderbynioch chi hi. Ac yng Nghymru, diolch i ymgyrchu ar y cyd gan y Gymdeithas, mudiadau amgylcheddol megis Cyfeillion y Ddaear a dwsinau o fudiadau a grwpiau eraill rai blynyddoedd yn ôl, mae gennym ddiffiniad statudol o ddatblygu cynaliadwy yn Neddf Llesiant Cenedlaethau'r Dyfodol sydd yn cynnwys nid dim ond y tair elfen draddodiadol sy'n rhaid eu hystyried yn ffactorau economaidd, cymdeithasol ac amgylcheddol, ond ffactorau diwylliannol yn ychwanegol at hynny. Ac mae'r nodau llesiant yn y ddeddf, sy'n disgrifio pa fath o Gymru rydyn ni am anelu ati yn gweld gwlad lle mae'r Gymraeg yn ffynnu, yn ogystal â gwlad gydag ecosystemau iach, carbon isel ac sy hefyd yn gyfrifol ar lefel fyd-eang. Dyma yw'r mynegiant swyddogol, cyfreithiol yng Nghymru o'r wlad yr ydym am ei gadael i genedlaethau'r dyfodol, a'r hyn mae gwleidyddion a gwneuthurwyr polisi ar bob lefel i fod i weithio tuag ato.

Ac er gwendidau ei weithredu, a'r angen am hawliau cryfach

mae'n ffon fesur ddefnyddiol, ac yn mynnu bod penderfyniadau sy'n cael eu gwneud yn edrych ar effeithiau hirdymor, a'r effaith ar bobl yn eu hamgylchedd. Er enghraifft fe ellid asesu nad yw cau ysgol leol fechan yn cael fawr o effaith ar addysg y plant gan y byddant yn parhau gyda'u haddysg mewn lleoliad arall. Ond byddai asesiad llawn yn ystyried yr effaith ar y gymuned leol, y colli swyddi, pa ddefnydd arall cymunedol oedd i'r adeilad, ôl-troed carbon cludo plant i ysgol bell, pa fusnesau lleol sy'n darparu adnoddau i'r ysgol. Y gobaith yw mai trwy ystyried y darlun cyflawn y daw penderfyniadau sydd yn well i bobl ac i'r blaned.

Mae ymgyrch y Gynghrair Datblygu Cynaliadwy hefyd yn enghraifft dda o'r Gymdeithas yn cydweithio ar draws meysydd gwahanol i gyrraedd nod sydd llawer iawn ehangach na dyfodol yr iaith, ond eto sy'n rhan hollbwysig ohono. Fel y gwnaethpwyd hefyd i gael newidiadau i'r system gynllunio, tir a thai. Mae ffordd hir i fynd i sicrhau'r Gymru yr ydym am ei gweld, ond mae'r cyfan yn rhan o'r un ymdrech i greu dyfodol gwell, tecach i bobl a chymunedau – yn lleol ac yn rhyngwladol.

Felly pa fath le fydd Cymru ymhen deugain mlynedd? Gyda'r argyfyngau sy'n ein hwynebu, hawdd fyddai proffwydo dinistr a dioddefaint. Ac mae elfennau o hyn yn anochel o achos newid hinsawdd – fe fydd lefel y môr yn codi gan golli peth tir arfordirol yng Nghymru, fe fydd tywydd mwy eithafol, gan gynnwys stormydd rheolaidd a glaw trymach, a hafau sychach gyda chyfnodau chwilboeth a fydd yn newid yr hyn y gellir ei ffermio ac yn fygythiad i iechyd a natur.

Ac mae grymoedd mawr yn ein gwthio ni'n bellach i'r cyfeiriad yna – gan gynnwys cyfalafiaeth, unigolyddiaeth, marchnadoedd rhyngwladol agored sy'n gwthio am nwyddau rhatach o safon is, gorddefnyddio adnoddau prin y byd er elw ar draul pobol a'r blaned, a rhyfeloedd diwylliant sy'n gosod pobol yn erbyn ei gilydd ac yn annog rhaniadau a pholareiddio.

Ond dwi'n argyhoeddedig bod modd newid cyfeiriad, a bod

gan bobl y grym i greu dyfodol gwell. A pha le gwell i gychwyn na Chymru, lle mae gennym o leiaf ymdeimlad o gymuned, rhai pwerau wedi eu datganoli, a gwerth yn cael ei roi ar gynllunio hirdymor er mwyn diogelu cenedlaethau'r dyfodol.

Felly yn 2062, a minnau'n 83 mlwydd oed, gobeithiaf weld Cymru sy'n gymuned o gymunedau cryf a gwydn, sy'n creu ynni adnewyddadwy er defnydd a budd lleol a heb unrhyw ddefnydd tanwyddau ffosil na niwclear. Bydd swyddi lleol sydd naill ai'n rhan o'r economi sylfaenol ac yn diwallu anghenion pobl neu'n arloesi a datblygu syniadau y dyfodol y gellir eu rhannu gyda'r byd. Gyda sicrwydd incwm i bawb a datblygiadau technolegol ni fydd yn rhaid gweithio cynifer o oriau, gan ryddhau amser i wirfoddoli a chyfrannu at y gymuned, i ddatblygu sgiliau a hobïau, i fwynhau natur ac ar gyfer gweithgareddau diwylliannol a llesiant. Bydd tai yn fforddiadwy nid yn unig i'w prynu ond i fyw ynddynt gyda phob un yn creu ei ynni ei hun. Daw bwyd o fusnesau a chwmnïau cydweithredol lleol sydd o'r ansawdd uchaf, heblaw am nwyddau na ellir tyfu yma a ddaw drwy'r partneriaethau masnach deg. Fe fydd cysylltiadau da rhwng cymunedau – yn rhithiol a thrwy rwydwaith o gerbydau cyhoeddus trydan a lonydd beicio a cherdded diogel.

Ac fe fydd yn wlad sy'n meddwl yn rhyngwladol ac yn dysgu a chydweithio gyda gwledydd blaengar a dyfeisgar gorau'r byd, gyda phlant ysgol yn cael eu dysgu i fod yn ddinasyddion cyfrifol yn eu cymunedau ac yn fyd-eang, ac i ddadansoddi a meddwl yn greadigol, a hynny drwy gyfrwng y Gymraeg wrth gwrs.

Byddai'n rhaid manylu ar gannoedd o newidiadau a pholisïau unigol sydd eu hangen i gyflawni'r weledigaeth yma a newid ein dyfodol. Ond uwchben meysydd polisi unigol, ac yn sylfaenol a chreiddiol i'r newidiadau sydd eu hangen er mwyn achub ein planed a'n hiaith yw newid sut rydyn ni'n mesur gwerth a chynnydd. Tra'n bod ni yn anelu at Gynnyrch Mewnwladol Crynswth (GDP) uwch yn dragwyddol, at dwf economaidd goruwch pob peth, a gosod ein hunain mewn cystadleuaeth fyd-eang i gynhyrchu a defnyddio'n rhad fe fydd y canlyniadau yn aros yr un fath.

Mae angen gwobrwyo systemau ac ymddygiad sydd yn gwella safon byw, yn llesol i gymdeithas ac i'r amgylchedd, a gallwn ddysgu gan wledydd megis Seland Newydd sydd â Fframwaith Safonau Byw gydag elfennau fel iechyd meddwl a chorfforol, cost a safon tai, mynediad at natur, safon yr aer a dŵr, swyddi lleol, siaradwyr Te Reo Māori, a chysylltiadau cymdeithasol.

A'r Gymdeithas? A fydd y Gymdeithas yn llwyddo i esblygu ac yn dal yno i ddathlu'r cant? Neu ai'r mesur eithaf o lwyddiant fyddai nad oes ei hangen bellach a bod brwydr yr iaith yn swyddogol ar ben?

Dwi'n credu'n gryf fod swyddogaeth bwysig gan fudiadau a chymdeithas sifig ym mhob gwlad a system ddemocrataidd, a bod sgriwtini wleidyddol, trafodaeth, codi llais, protestio a herio yn arwydd positif o iechyd gwlad. Felly dwi hefyd yn sicr y bydd dal i fod angen Cymdeithas yr Iaith yn 2062. Mae ar ba ffurf ac at ba bwrpas i fyny i ni gyd fel aelodau, ac yn enwedig i arweinwyr y dyfodol, ond dwi'n gwbl hyderus ac argyhoeddedig y bydd y Gymdeithas yn parhau i fod yn berthnasol, yn egwyddorol ac yn ddewr yn gant oed, fel trwy ei hanes hyd yn hyn.

Ac rwy'n ei hannog i barhau i gydweithio a chreu cysylltiadau lle bynnag fo'n bosib. Mae yna wledd o syniadau, talentau ac arbenigedd yng Nghymru, ond rydyn ni ar ein gorau wrth gydweithio, rhannu gweledigaeth a gweld ein byd yn grwn yn lle canolbwyntio ar ein corneli bach.

Yr un ffactorau, yn lleol, cenedlaethol a rhyngwladol, sydd yn gyfrifol am fygwth yr iaith a'r hinsawdd, ac mae'n rhaid sicrhau bod datrysiadau y dyfodol er budd y ddwy.

Brwydr ryngwladol yw brwydr yr iaith

Elin Haf Gruffydd Jones

PROFIAD RHYNGWLADOL, YN bennaf, yw Cymdeithas yr Iaith Gymraeg i mi, ac un sy'n rhan o symudiad ehangach o ymgyrchoedd gan bobl ledled y byd i greu parhad a dyfodol i'w hieithoedd, eu cymunedau a'u cenhedloedd.

Ar hyd y blynyddoedd, mae'r cyswllt gyda chymunedau eraill sydd â iaith leiafrifedig wedi ein galluogi i gyrraedd gwell dadansoddiad o sefyllfa Cymru a'r Gymraeg, i fedru gweld ein byd o bersbectif gwahanol ac i gyrchu syniadau newydd ar gyfer ceisio newid y drefn. Wedi'r cyfan, mae 'brwydr yr iaith' yn un gyffredin iawn yn rhyngwladol, er ei bod hi'n gallu ymddangos fel un ymylol yn ein gwladwriaeth ni, ac mae dwyieithrwydd ac amlieithrwydd yn brofiadau cwbl gyfarwydd i dros hanner poblogaeth y blaned.

O edrych drwy'r lens ryngwladol, gwelwn fod syniadaeth, ymgyrchoedd a pholisïau o wledydd eraill wedi ymdreiddio i'r ffordd i ydym ni'n ystyried y Gymraeg heddiw: ystyriwn sut y daethom i feddwl o'r newydd am y Gymraeg fel 'priod iaith Cymru', neu am gysyniadau cymdeithasegol normaleiddio iaith, neu am sloganau bachog fel 'Dwi eisiau byw yn Gymraeg'. Bwriad yr erthygl hon yw olrhain ychydig ar rôl y Gymdeithas yn y cyfnewid rhyngwladol dros y degawdau diwethaf.

*

Camwn yn ôl i'r 1980au a dechrau'r 1990au ac i ganol y gwrthdaro gwleidyddol yng Nghymru ac yn y wladwriaeth Brydeinig: Thatcheriaeth, Streic y Glowyr, Gwrth-Apartheid, Gwrth-Niwclear a'r Rhyfel Oer, Solidariaeth Nicaragua, Cymal 28, Milwyr Mas, ac roedd ymgyrchoedd a charchariadau aelodau'r Gymdeithas yn fynegiant blaenllaw o'r ffrynt radicalaidd hon. Ar yr un pryd, roedd cyfnod Ewropeaidd newydd yn agor ac yn rhan ohono roedd symudiad ieithoedd lleiafrifol yn dechrau bwrw ei wreiddiau o ddifri. Aeth Senedd Ewrop i'r afael â'r maes hwn gydag Adroddiadau Arfé a Kuijpers a dechreuodd y Comisiwn Ewropeaidd weithredu cyllidebau i gefnogi prosiectau gyda'r bwriad o wella hynt a helynt yr ieithoedd lleiafrifol. Ffurfiwyd Biwro Ewropeaidd yr Ieithoedd Llai yn gorff lobïo cynrychioladol gyda phwyllgorau ym mhob aelod-wladwriaeth o'r Gymuned Ewropeaidd ar y pryd, ynghyd ag is-bwyllgorau gan rai cenhedloedd fel Cymru a'r Alban. Sefydlwyd canolfannau Mercator yn rhwydwaith ymchwil arbenigol ar gyfer yr ieithoedd hyn a'u lleoli yng Nghymru, Catalonia, Fryslân a Ffrainc. Dyma hefyd pryd drafftiwyd Siarter Ewropeaidd ar gyfer Ieithoedd Rhanbarthol neu Leiafrifol (1992) o dan adain Cyngor Ewrop, ac fe gafwyd cyfnod o gydymgyrchu Ewropeaidd tra effeithiol yn ystod y 1990au er mwyn i'r Siarter honno ddod i rym, fel y gwnaeth yn 1998.

Ymunais â Chynllun Mercator yng Ngholeg Prifysgol Cymru Aberystwyth o dan arweiniad Ned Thomas yn 1989 wedi i mi raddio mewn Ffrangeg a Sbaeneg. Yng nghwmni cydweithwyr o wahanol gymunedau ieithyddol, ein gwaith oedd ymchwilio i agweddau ar sefyllfaoedd cyfoes yr ieithoedd lleiafrifol – deddfwriaeth, polisi a chynllunio iaith, addysg a'r cyfryngau – a hynny mewn partneriaeth â'r canolfannau Mercator eraill.

Y Gymraeg oedd ein *lingua franca* ym Mercator Aberystwyth, a hynny er mai eithriadau oedd y rhai a oedd wedi eu geni a'u magu yng Nghymru. O blith y Cymry, hyd yn oed, fe'm ganed i yn Bermuda, magwyd Janet Davies ar aelwyd Saesneg yng

Nghymru a threuliodd Ned lawer o'i blentyndod dramor. Bob blwyddyn roedd y tîm yn cynnwys dau neu dri o bobl ifanc o wahanol wledydd – Iwerddon, Llydaw, Gwlad y Basg, Galicia, Catalunya, Astwrias, Fryslân – neu o gymunedau ieithyddol o fewn gwladwriaethau fel Swedeg yn y Ffindir, Ffrisieg y Dwyrain yn yr Almaen, Slofeneg yn yr Eidal ac Albanese ar Ynys Sicilia. Nid pawb oedd yn arddel neu'n hawlio hunaniaeth genedlaethol gonfensiynol chwaith a phrin oedd y rhai a deimlai fod eu pasbort yn cyfleu eu cenedligrwydd, hyd yn oed os oeddent yn fodlon ar eu dinasyddiaeth. Roedd y gweithle Cymraeg hwn yn bair tawdd o gefndiroedd a hunaniaethau ac yn dystiolaeth real fod y Gymraeg yn iaith agored, yn perthyn i bawb, yn sgil i'w dysgu, ac yn system wybodaeth a diwylliannol i'w rhannu.

Yn ystod y cyfnod hwn, deuthum yn Gadeirydd ar Grŵp Cysylltiadau Rhyngwladol y Gymdeithas. Yn ystod y dydd roeddwn yn gweithio ar leiafrifoedd Ewrop gyda'u sefyllfaoedd a'u deinameg wleidyddol yn amrywio'n sylweddol o'r llond dwrn o bentrefi Ffrisieg y Dwyrain i ddinasoedd a miliynau'r Gataloneg. Gyda'r nos, roeddem yn dal i drafod y bydoedd hyn a gwahanol ddyheadau'r cymunedau, eu ffiniau a'u tiriogaethau, y tensiynau mewnol ac uchelgais eu siaradwyr, ystyr perchnogaeth a pherthyn, mamiaith ac iaith gyntaf, hunaniaeth a dysgu iaith.

Roeddwn wedi dechrau dysgu Basgeg gyda Begotxu Olaizola a'r diweddar Alan R. King mewn dosbarthiadau nos yn Aberystwyth. Ar un adeg roedd dau ddosbarth ohonom, a nifer o icithyddion dawnus yn dysgu'r iaith, y Tad John Fitzgerald, y diweddar Barchedig Lyn Lewis Dafis a Dr Richard Crowe yn eu plith. Trwy waith maes gyda CIEMEN, sef Canolfan Mercator yn Barcelona, ac yn ddiweddarach gyda Maite Puigdevall ym Mercator yn Aberystwyth, roeddwn wedi dechrau dysgu Catalaneg. Gydag Elisa Fernández Rei, Xabier Canosa a Rocío Castro – ill tri wedi bod yn gweithio ar wahanol gyfnodau gyda Mercator yn Aberystwyth – es ati i ddysgu Galisieg.

Trwy ddysgu'r ieithoedd hyn, agorwyd bydoedd newydd i mi. O'r 1980au ymlaen, wedi degawdau o orthrwm o dan unbennaeth Franco, roedd gan Wlad y Basg, Catalunya a Galisia ddeddfwriaethau, polisïau ac ymgyrchoedd iaith blaengar o blaid eu priod ieithoedd. Roedd y cyffelybiaethau gyda'r Gymraeg – o ran deinameg ac uchelgais, ac o ran perthyn a hunaniaeth – yn fy ysbrydoli. Aeth y Grŵp Cysylltiadau Rhyngwladol ati i drefnu dirprwyaethau i Wlad y Basg ar gyfer aelodau'r Gymdeithas, ac roedd gennym gymwynaswyr penigamp yn Begotxu ac Alan, yn trosi'n ieithyddol yn ddeheuig rhwng y Gymraeg a'r Fasgeg yn ogystal â rhwng gwleidyddiaeth y ddwy wlad. Cafwyd cyfarfodydd gyda chyrff a mudiadau a chlywed sut roedd gwahanol ymgyrchoedd a chynlluniau'n gweithio. Wrth i ni drafod cysyniadau sylfaenol 'yr iaith' yno, a phersbectif y Basgiaid blaengar daethom i ddeall Cymru'n well.

Gyda hynny, ymdreiddiodd y syniadaeth wleidyddol hon am 'yr iaith' i grwpiau ymgyrchu'r Gymdeithas. Gwelir hyn yng nghyhoeddiadau allweddol y cyfnod, megis *Popeth yn Gymraeg, Y Gymraeg ym Mhopeth* (1999) a *Deddf Iaith Newydd i'r Ganrif Newydd* (2001), ble rhoddir lle canolog i'r ddadl dros y Gymraeg fel 'priod iaith Cymru'. Does dim dwywaith nad trwy ddylanwad cysyniad y *lengua propia* yn Neddfau Normaleiddio'r Fasgeg (1982), y Gatalaneg (1983) a'r Galisieg (1983) yr ailgyflwynwyd 'priod iaith' i wleidyddiaeth y Gymraeg ar ddiwedd yr ugeinfed ganrif. Nid pawb a gytunai chwaith. Wrth geisio mynd i'r afael â pholisi iaith blaengar a phriodol ar gyfer yr egin ddeddfwrfa yng Nghaerdydd, cawsai'r Gymdeithas ei beirniadu am ei chulni wrth fynnu sefydliad cwbl ddwyieithog ym Mae Caerdydd a chydnabyddiaeth i'r Gymraeg fel priod iaith Cymru ar lefel genedlaethol. Wrth gwrs, rhyngwladoldeb y Gymdeithas – nid y plwyfoldeb honedig – oedd i gyfrif am y galwadau hyn.

Yn yr un modd y cyflwynwyd y cysyniad o 'normaleiddio iaith' wrth drafod y Gymraeg. Unwaith yn rhagor drwy edrych yn benodol at Gatalunya, Gwlad y Basg a Galisia a chraffu ar y syniadaeth y tu ôl i'r polisïau oedd ar waith ym maes gweinyddiaeth gyhoeddus, addysg, iaith i oedolion, y cyfryngau ac ati, cydiwyd yn y cysyniad o 'normaleiddio' i gyfleu ailgyflwyno iaith i feysydd ble'i collwyd yn ogystal â'i chyflwyno i feysydd newydd. Trwy hyn fe atgyfnerthwyd y syniad nad oedd unrhyw beth yn anochel am dranc iaith: nid marw'n naturiol a wna ieithoedd, ond cael eu hamddifadu o amodau byw angenrheidiol. O'r cyfandir – ac yn dra gwahanol i'r hyn a oedd yn gyfarwydd i Gymru ac Iwerddon a'i Gweriniaeth – fe ddaeth tystiolaeth o lwyddiant i wrthbrofi'r naratif nad oedd modd atal y dirywiad. Roedd yr ystadegau o Wlad y Basg a Chatalunya yn dangos yn glir ei bod hi'n bosib adfywio iaith drwy ddeddfu, cynllunio bwriadus a chlustnodi adnoddau priodol. Eto, yn y cyfnodau hynny – yn wahanol iawn i heddiw, diolch i'r drefn – digon llugoer oedd yr ymateb yn aml wrth sôn am Wlad y Basg. Fe gymerodd flynyddoedd lawer cyn i gyrff cynllunio iaith yng Nghymru, y cyfryngau a'r sefydliadau Cymraeg ymwneud o ddifrif yn y persbectif Ewropeaidd rhyngwladol wrth drafod yr iaith Gymraeg.

Yn y drafodaeth gyhoeddus ar fater statws swyddogol i'r iaith a deddf iaith newydd i'r ganrif newydd, unwaith yn rhagor, roedd yr hyn a ddigwyddai'n rhyngwladol yn bwysig i ymgyrchoedd y Gymdeithas. Gyda nifer o garedigion yr iaith yn dadlau fod 'digon o sgôp' yn dal i fod yn Neddf Iaith 1993, hyd yn oed wedi sefydlu'r Cynulliad fel y'i gelwid, daliodd y Gymdeithas i fynnu statws swyddogol. Unwaith yn rhagor, roedd y dylanwadau Ewropeaidd – ble roedd traddodiadau deddfwriaethol yn dra gwahanol i Gyfraith Lloegr – yn parhau i fod yn rhan o safbwynt y Gymdeithas. Roedd angen statws swyddogol ar iaith Ewropeaidd gyfoes fel y Gymraeg. Parhau i dyfu a wnâi'r prosiect Ewropeaidd, gyda gwledydd dwyrain a chanolbarth Ewrop yn ymuno â'r Undeb Ewropeaidd ac yn llofnodi Siarter Cyngor Ewrop ar gyfer eu ieithoedd lleiafrifol. Cynyddodd y symudiad i gydnabod ieithoedd fel y Gatalaneg a'r Fasgeg ar lefel yr Undeb Ewropeaidd hefyd, ac yn y cyd-destunau hyn, doedd dim lle i wamalu ar fater deddfu ar gyfer statws swyddogol, diamheuol i'r Gymraeg. Gartref hefyd, roedd angen iddi fod yn gwbl glir fod y Gymraeg yn iaith swyddogol. A oedd bodloni ar etifeddu Deddf Iaith 1993 o Dŷ'r Cyffredin yn wir yn safbwynt rhesymol i'r ddeddfwrfa ddemocrataidd gyntaf yn hanes Cymru? Deddf a basiwyd drwy fwyafrif gwleidyddol nad adlewyrchai bleidlais etholwyr Cymru ac a gafodd ei gwrthwynebu gan rai o ASau Cymreig mwyaf blaenllaw y cyfnod? O'r tu allan hefyd, roedd hi'n anodd deall pam na fyddai'r Cynulliad am gymryd y cyfrifoldeb o ddeddfu yn ei hawl ei hun ar statws ei iaith genedlaethol. Wrth i'r ymgyrch symud yn ei blaen, ac yn sicr wrth edrych yn ôl heddiw, roedd yn gwbl angenrheidiol i hynny ddigwydd.

Mewnforiwyd sloganau'n uniongyrchol o ymgyrchfyd Gwlad y Basg i ymgyrchoedd y Gymdeithas. Daeth 'Ie i'r Gymraeg' yn syth o 'Bai Euskarari' yn sgil dirprwyaeth gan y Gymdeithas yno ac yn dilyn cyfarfodydd â Kontseilua cafwyd ysbrydoliaeth i sefydlu mudiad tebyg i Gymru ac fe grëwyd Mudiadau Dathlu'r Gymraeg, diolch i ymdrechion o dan arweiniad Catrin Dafydd.

Yn fwy diweddar, cyflwynwyd 'Dwi eisiau byw yn Gymraeg' o'r slogan Basgeg 'Euskaraz bizi nahi dut'. Daeth lleisiau o feirniadaeth o fewn rhai elfennau yn y byd Cymraeg fod hyn yn gam yn ôl ac mai byw'n ddwyieithog oedd ein realiti nid cyfyngu drwy fyw'n Gymraeg. Camddeall y cysyniad y tu ôl i'r slogan oedd hynny: er mwyn i iaith fyw mae'n rhaid cael gofodau ble mae'r iaith yn cael ei defnyddio, yn brif iaith, yn iaith gyffredin, yn iaith normal. Dyna yw ystyr 'Dwi eisiau byw yn Gymraeg', nid peidio â mwynhau sgyrsiau yn Saesneg, peidio â dysgu neu ymwrthod ag ieithoedd eraill.

Wrth i'r Gymdeithas ddathlu ei hanner can mlwyddiant yn 2012, un o'r prif ddigwyddiadau oedd trefnu cynhadledd a fyddai'n nodi pwysigrwydd y cysylltiadau rhyngwladol dros y blynyddoedd ac yn mynegi solidariaeth gydag ymgyrchwyr ar sawl cyfandir. Cafwyd cyfnewid cyson gyda chanolbarth a de

America – gydag Angharad Tomos a Ben Gregory yn arwain sawl ymweliad i Nicaragua ac yn croesawu ymgyrchwyr oddi yno i Gymru hefyd. Bu Iwerddon yn ffynhonnell gyson o ysbrydoliaeth a solidariaeth ar hyd y degawdau i ymgyrchwyr blaenllaw'r Gymdeithas – Gwyn Siôn Ifan, Siân Howys, Steve Eaves, Dylan Morgan a Huw Gwyn ac yn fwy diweddar Bethan Ruth, Mabli Siriol Jones, Colin Nosworthy, Maia Jones, Sel Jones, Dafydd Frayling a Robat Idris. Yn gyson iawn byddai siaradwr rhyngwladol yn rhan o Gyfarfod Cyffredinol y Gymdeithas. Traffig dwy ffordd a gwe o gysylltiadau fu ac yw cyfnewid rhyngwladol y Gymdeithas.

Nid o wlad benodol arall y daeth 'Miliwn o Siaradwyr'. Fodd bynnag, mae ei wreiddiau yn y cysylltu rhyngwladol hwn. Gyda chanlyniadau Cyfrifiad 2011, a'r cwymp bychan ond arwyddocaol, wrth i ganran y siaradwyr Cymraeg lithro o dan yr 20%, roedd hi'n amser deffro a chydnabod nad oedd y feddylfryd a'r polisïau a oedd gennym fel gwlad yn ddigonol. Roedd yn rhaid i ni newid gêr a newid tacteg hefyd. Diolch byth am y 'sioc a'r siom', fel yn 1962, i greu trobwynt. Mewn sgwrs â Colin Nosworthy, yn fuan wedi cyhoeddi ffigyrau'r Cyfrifiad, mynegwyd y syniad o'r 'Miliwn Siaradwyr' am y tro cyntaf. Roedd dylanwad y naratifau gwleidyddiaeth iaith, y cyd-destunau Basgeg a Chatalaneg yn glir nad oedd aros yn yr unfan yn ddigon da. Nid cynnal yr hanner miliwn neu'r 20% oedd yr uchelgais briodol i iaith fel y Gymraeg chwaith. Nid dyna oedd wedi bod yn digwydd yn y gwledydd hynny ers y 1980au a'u naratif a'u polisïau blaengar. Roedd rhaid i ninnau hefyd droi ein naratif 'achub' yr iaith yn naratif twf ac ymestyn. Dyna fyddai'r cam synhwyrol nesaf i adeiladu ar yr hyn yr oedd y Gymdeithas eisoes yn ei ddadlau – fod y Gymraeg yn perthyn i bawb. Roedd 'Miliwn o Siaradwyr' yn symboleiddio hyn: yn darged uchelgeisiol, credadwy, cofiadwy, mesuradwy allai gydio yn nychymyg y genedl, i greu'r newid ar y raddfa yr oedd ei angen. Fel tacteg ymgyrchu fe weithiodd. Aeth o fod yn slogan i'r Gymdeithas i faniffesto pleidiau, yn bolisi llywodraeth ac yn eiriau sy'n cael eu hadleisio mewn strategaethau a sgyrsiau fel ei gilydd. Fe gydiodd yn y dychymyg. Ond mae'r Gymdeithas bellach un cam ar y blaen eto, 'Miliwn a Mwy' yw hi erbyn hyn.

Byddai'n amhosib ysgrifennu pennod fel hon heb gyfeirio at Brexit. Mae'n her aruthrol nad ydym wedi profi nemor ddim arni eto. Nid yn unig y mae bod y tu allan i'r Undeb Ewropeaidd – ac yn y ffordd fwyaf eithafol posib – yn niweidio'r economi Gymreig ac yn gwanhau ein cynrychiolaeth ddemocrataidd, ond mae'n cau llwybrau cydweithio rhwng pobl a phobloedd. Er fod y pandemig wedi cuddio llawer o'r effeithiau, a bod nifer ohonom yn dal i fynnu cydweithio a llawer wedi eu sbarduno ymhellach i geisio gwneud hynny, mae'r strwythurau a oedd yno i ni dipyn culach erbyn hyn. Mae rhaglen 'Taith' Llywodraeth Cymru i gymryd lle Erasmus yn galonogol; ond mae'r cyfleoedd a ddaeth drwy'r cronfeydd strwythurol – fel Cronfa Gymdeithasol Ewrop a roddodd gyfle i gynifer o bobl ifanc weithio gyda Mercator – bellach wedi mynd.

Yn y pen draw, beth bynnag yw trefniadau gwleidyddol y wladwriaeth, mae ein realiti ni'n glir o ran y Gymraeg: mae cysylltiadau rhyngwladol yn gwbl anhepgor i ni yng Nghymru ac mae ein cymdogion yma yn Ewrop yn rhan hanfodol o'r darlun hwnnw. Rydym yn cydysbrydoli ein gilydd: mae ein hymgyrchoedd ni i gyd yn elwa o'r solidariaeth ac mae hynny'n treiddio i'n cymdeithasau. Ie, brwydr ryngwladol yw brwydr yr iaith, ac nid nawr yw'r foment i anghofio hynny.

Lloffion o'r gorffennol

MENNA MACHRETH

Hydref 2002
Canai'r ffôn wrth i mi ddisgwyl ateb.
'Cymdeithas yr Iaith Gymraeg.'
'Helo... Menna yw'n enw i... Menna Machreth...'
Roedd hi wedi cymryd tipyn o blwc i ffonio prif swyddfa'r Gymdeithas. Fe es i i ystafell wely fy rhieni a defnyddio eu landline nhw rhag i neb glywed fy sgwrs.
'Helo Menna...' Yn ffodus roedd y llais yr ochr arall yn swnio 'run mor nerfus â fi.
'Dwi'n ffonio i ddweud ein bod ni am gerdded allan... fory... o'r dosbarthiadau... i brotestio Rhyfel Irac.'
'Diolch am roi gwybod, pa ysgol?'
'Maes-yr-Yrfa, Cwm Gwendraeth'.
'Diolch, ysgol arall i'w rhoi ar y rhestr. Fydd 'na gannoedd yn cerdded allan o'u dosbarthiadau fory – mae'n siŵr o ddenu sylw. Hwyl i chi fory.'
'Diolch.' Distawodd y ffôn. Doedd dim troi'n ôl nawr.

Rwy'n chwerthin wrth gofio'r alwad ffôn honno a'm sgwrs gyntaf gyda'r annwyl Dafydd Morgan Lewis. Dyddiau hyn, byddai sawl dewis sut i gysylltu dros y we i hysbysu'r Gymdeithas eich bod yn dymuno ymuno mewn protest, ond roedd rhywbeth arwyddocaol yn digwydd wrth i fi ymroi ar lafar i wneud fy ngweithred wleidyddol gyntaf erioed. Yn anffodus, methiant llwyr fu'r brotest ond roedd gwahoddiad y Gymdeithas i fi fel disgybl ysgol ddangos fy ochr ynglŷn â'r rhyfel yn Irac wedi deffro rhywbeth ynddof – wedi rhoi dewis i fi weithredu neu aros yn dawel. Ers gweld y tyrau'n disgyn, gwyddwn fod yr ymateb dialgar yn sicr o ddod â mwy o ddistryw yn hytrach na datrysiadau.

Heddychiaeth a ddaeth â fi i mewn i'r Gymdeithas yn gyntaf, rhywbeth rwy'n edrych yn ôl yn falch ohono gan taw i fi, dyna wraidd y Gymdeithas a'r ffordd mae hi wedi dewis gweithredu drwy'r dull di-drais. Fel y dangosodd Martin Luther King Jr, mae'r dull di-drais wedi ei wreiddio mewn cariad, gan osgoi trais corfforol a thrais mewnol – hynny yw casineb – gan wybod fod anghyfiawnder mewn systemau llygredig nid pobl. 'The universe is on the side of justice' meddai King, ac o'm ffydd Gristnogol innau y daw'r ffydd sicr sydd gen i fod byd sy'n cynnig cyfiawnder i bawb yn bosib. Daw'r dull di-drais yn fwy na dull gweithredu mewn protestio i lawer ymgyrchydd, mae'n ffordd o fyw. O flocio ffyrdd i gyfarfod gwleidyddion yn y Senedd, y dull di-drais oedd yn fy nhywys.

Efallai ei fod yn swnio'n ddelfrydgar, ac yn sicr dwi ddim wedi cael popeth yn iawn bob tro o ran y trais 'meddwl', ond rwy'n credu yn gryfach nag erioed fod sut rydyn ni'n dewis gweithredu yr un mor bwysig â'r neges a'r galwadau. Y dull di-drais o anufudd-dod sifil sydd wedi diffinio'r Gymdeithas. Mewn oes lle mae ymgais fwriadol gan Lywodraeth Prydain i gyfyngu ar hawliau protestio heddychlon hyd yn oed, mae dyletswydd ar y Gymdeithas i sefyll dros yr hawliau yma a sefyll gyda mudiadau fel Extincion Rebellion sy'n defnyddio dulliau tebyg.

Ni fyddai'r hawliau a'r consesiynau a gafwyd i'r Gymraeg hyd heddiw wedi dod heb ymdrech lew gan fudiad protest, yn aml â phris rhy uchel i'r ymgyrchwyr. Tra bod y Gymraeg yn iaith sy'n cael ei lleiafrifoli gan lywodraeth genedlaethol a lleol, bydd angen mudiad iaith sy'n herio'r drefn ac yn barod i arwain gweithredu uniongyrchol pan fo raid. Y realiti heddiw yw clywed 'Bore da' ar ddechrau cyfarfod cyn troi i ddelio â materion trwy gyfrwng y Saesneg. Mae fy mab wedi dechrau addysg llawn amser eleni, ond mae e'n un o'r lleiafrif o blant yng Nghymru fydd yn gorffen eu taith ysgol wedi derbyn ei addysg trwy gyfrwng y Gymraeg; mae'r mwyafrif o blant yng Nghymru yr un oed ag ef wedi eu hamddifadu o'r cyfle i gaffael y Gymraeg. Pentrefi Cymraeg yn cael eu troi fesul tŷ yn bentrefi gwyliau a phobl ifanc wedi eu cau allan o'r farchnad dai. Mae newidiadau'n dod yn llawer rhy araf o ystyried mor gyflym mae'r byd yn newid. Tra bod y sefyllfa mor fregus, rhaid wrth y llais proffwydol a fydd yn dweud y gwirioneddau na fydd unrhyw un arall sy'n rhan o'r system yn fodlon eu dweud.

Tachwedd 2010

Sefyll yn nerbynfa'r Swyddfa Gymreig yn San Steffan yn disgwyl David Jones AS. Cyfarfod am ddyfodol S4C ar ôl y cyhoeddiadau bod y Toriaid yn chwifio cyllell wrth ei phen. Doedd neb yn ein cydnabod, gallem fod yn anweledig o'r ffordd roedd y staff yn ymddwyn.

Yn sydyn daeth dynes a gwas wrth ei chwt i mewn i'r ystafell. Roedd hi'n hefru am rywbeth mewn Saesneg oedd yn bron yn annealladwy i fi, yn pwyntio at y llenni ac yna at y carped. 'This old thing will need changing of course, the curtains are ghastly.' Roedd ganddi bwynt, roedd yr ystafell yn ormesol o dywyll. 'I wasn't sure about the carpet, but now you mention it, yes I will put that down as well.' Cheryl Gillan oedd hi, Ysgrifennydd Gwladol Cymru oedd wedi ei hethol i gynrychioli Chesham and Amersham.

Roedd rhaid i fi ddweud rhywbeth. 'Excuse me, I can see now why you want to cut S4C's money, to fund your new carpet.' Edrychodd yn swrth arna' i cyn dweud 'I am doing everything I can to help S4C you understand.'

Mewn munud neu ddau roedd hi'n ôl ac yn sefyll reit o'm blaen.

'I hope you'll be happy to hear that I won't be having a new

carpet anymore.' Teimlai fel buddugoliaeth fach mewn cors las ludiog.

Mae achos annibyniaeth wedi tyfu'n rhyfeddol o gyflym ers dyddiau amddiffyn S4C yn 2010. Mae Brexit a Covid wedi herio Cymru a gorfodi pobl i sefyll ar eu traed a mynnu bod Cymru'n cymryd y llyw dros ei dyfodol ei hun. Ond pa fath o ddyfodol fydd hynny? Sut le fydd y Gymru annibynnol? Dyw annibyniaeth ynddi ei hun ddim yn mynd i sicrhau lle'r Gymraeg heb fod iddi le integral yn y weledigaeth dros Gymru annibynnol. Os bydd Cymru'n annibynnol erbyn 2062, a dyw hi ddim yn afresymol i gredu hynny, bydd angen yr un penderfynoldeb i sicrhau bod yn Gymraeg yn sail i'r holl brosiect; mae angen i fudiadau sy'n ymgyrchu drafod annibyniaeth trwy gyfrwng y Gymraeg a lle'r Gymraeg ym mhob maes trafod am y Gymru annibynnol.

Yr ymgyrch fu agosaf i'm calon oedd yr ymgyrch dros Goleg Cenedlaethol / Ffederal Cymraeg. Roeddwn yn un o'r myfyrwyr fu allan yn protestio ar gampws Prifysgol Aberystwyth, ond ymhen saith mlynedd roeddem yn croesawu sefydlu'r Coleg Cymraeg Cenedlaethol; roedd gweld ymgyrch o fod yn waedd drwy uwchseinydd i fod yn bapur polisi i fod yn sefydliad go iawn yn achosi rhyw newid seicolegol i fi a'm cenhedlaeth o bosib. *Mae* modd i bopeth newid, a chyda hunan-reolaeth bydd modd symud at Gymru sy'n cynnig rhyddid go iawn i bawb sy'n gwneud Cymru'n gartref iddyn nhw.

Un peth yw sicrhau addysg uwch cyfrwng Cymraeg, peth arall yw gwireddu system addysg uwch sy'n codi cenedl o gymunedau. Erbyn 2062, gobeithiaf y bydd myfyrwyr Cymru yn cael eu cefnogi i astudio yng Nghymru yn hytrach na'u sybsideiddio i fynd dros y ffin – beth bynnag fydd sefyllfa prifysgolion a cholegau Cymru erbyn hynny. Mae'n bosib y gwelwn gynnydd mawr yn y niferoedd sy'n astudio trwy gyfrwng y Gymraeg (ac yn aros i gyflawni eu haddysg trwy'r Gymraeg yn hytrach na'r duedd bresennol o drosglwyddo i astudio'r drwy'r Saesneg). Ond bydd angen mwy nag addysg er mwyn i bobl berchnogi'r iaith eu hunain. I wneud hynny mae angen cymdeithasau Cymraeg o bob math i fod yn rhan ohonynt, dadeni diwylliannol, peuoedd iaith Gymraeg lle gall pobl ffynnu a pherthyn. I aralleirio Vernā Myers: Addysg sy'n rhoi'r gwahoddiad i chi i barti'r Gymraeg, mynd i'r Steddfod yw cael eich gofyn i ddawnsio, perthyn yw pan rydych chi'n dewis y gerddoriaeth. Y peryg mwyaf o ran dyfodol y Gymraeg yw bydd niferoedd y siaradwyr yn codi, ond bod y cymdeithasau a'r peuoedd diwylliannol wedi prinhau gan wadu'r cyfle i bobl ifanc neu bobl sy'n newydd i'r Gymraeg i berthyn i rywbeth mwy na chyfrwng cyfathrebu.

Mai 2011
Cana'r ffôn yn swyddfa'r Gymdeithas.
  '*Cymdeithas yr Iaith?*'
  Tawelwch.
  '*Helo, oes 'na rywun yna?*'
  '*Yes... I don't want to tell you my name.*'
  '*Ok, that's alright. May I ask why you're calling?*'
  '*I want to tell you... about an incident in work. My manager asked me to stop speaking in Welsh.*'
  '*Sorry to hear about this. Dach chi'n siarad Cymraeg?*'
  '*Yndw yndw... na... sorry I don't want anyone to recognise my voice... I just want to tell someone what happened. Because I don't think it's right.*'
  '*Ok. Dwi'n dallt. Does gan eich rheolwr ddim hawl i wneud hyn. Fe fydd hi'n erbyn y gyfraith cyn hir i atal rhyddid rhywun i siarad y Gymraeg – yn unrhyw le – man gwaith ble bynnag...*'
  '*Ok... thank you... but it's happened to me. We have a new manager in the bingo hall where I work. She's from away. She didn't like that I was talking in Welsh to my colleage... but we've always talked in Welsh...*'
  '*Fasech chi'n synnu mor gyfarwydd yw hyn. Ydach chi eisiau help i wneud cwyn am hyn i'r cwmni?*'

Rhaid i Bopeth Newid

'Dwi ddim isho. Alla i ddim risgio fy job. Ond ro'n i jyst eisiau dweud wrthoch chi. Bod hyn 'di digwydd i fi. A 'dio ddim yn iawn.'

Fe glywes i alwadau fel hyn sawl gwaith tra fues i yn swyddfa'r Gymdeithas. Rwy'n cofio Osian Jones yn cymryd galwad debyg i'r uchod yn swyddfa Caernarfon. Wrth siarad â swyddogion llywodraeth a chynllunwyr iaith, roedd hi'n amlwg nad oedd ymwybyddiaeth bod y digwyddiadau uchod yn llawer mwy cyffredin na'r storïau oedd yn cyrraedd y wasg. Un peth oedd atal rhywun i siarad, ond os oedd hynny'n gallu digwydd rhaid bod pobl yn cael eu dirmygu am siarad y Gymraeg hefyd. Roedd siarad yn gyhoeddus am ddigwyddiadau fel hyn yn amhosib i'r mwyafrif oedd yn profi cael eu hatal rhag siarad Cymraeg yn y gweithle gan eu bod yn poeni am y canlyniadau, sef colli eu bywoliaeth. Does gan y mwyafrif sy'n profi cyfyngu ar eu rhyddid personol fel hyn ddim o'r moethusrwydd o fedru colli eu swydd a gwneud dewis rhwng beth sy'n iawn a chynnal eu teulu. Erbyn hyn mae modd gwneud cwyn i Gomisiynydd y Gymraeg am ddigwyddiadau fel hyn, ond i'r dyfodol rhaid gofalu nad ydym yn gweld profiadau o ddefnyddio'r Gymraeg o un persbectif yn unig.

Mae'r Gymraeg yn perthyn i bawb yng Nghymru; dyma fantra cyfarwydd erbyn hyn gan Weinidogion y Gymraeg a da o beth yw hynny. Dwi'n cofio clywed Siân Howys yn dweud hyn am y tro cyntaf mewn pwyllgor Grŵp Hawliau i'r Gymraeg yn lolfa ei thŷ. Ymhen rhai blynyddoedd, roedd Carwyn Jones yn dweud yr union yr un frawddeg ar y radio. Dyma rym ymgyrchu. Rhaid i'r Gymraeg berthyn i bawb go iawn, ond yn aml mae'r siaradwyr Cymraeg yn anymwybodol o'r breintiau sydd ganddyn nhw – breintiau nad ydynt wedi eu hymestyn i bawb sy'n siarad – neu eisiau siarad – y Gymraeg.

Rwy'n cofio derbyn galwad eithaf gwahanol yn swyddfa'r Gymdeithas yng Nghaernarfon tua'r un adeg â'r alwad am atal siarad y Gymraeg. Galwad o Sir Fôn yn gofyn i'r Gymdeithas wneud rhywbeth am fwriad y Cyngor i neilltuo tir i Sipsiwn a Theithwyr. Roedd y galwr eisiau i'r Gymdeithas ymgyrchu gyda'r gymuned yn erbyn hyn oherwydd poenent am yr effaith ar y gymuned Gymraeg ac effaith ar iaith yr ysgol. Rwy'n cofio swnio'n ddryslyd iawn wrth ymateb ar y ffôn, ac mae'n siŵr na roddais yr ateb oedd angen ei roi sef nad oedd modd datrys problemau'r Gymraeg drwy ymosod ar hawliau cymuned leiafrifol arall. Un o gryfderau'r Gymdeithas yw cefnogi a chyd-sefyll gyda grwpiau eraill fel rhan o'r frwydr fyd-eang am ryddid a hawliau.

Yn 2062, mae gwir beryg y bydd y Gymraeg yn cael ei gweld fel iaith ar gyfer un grŵp o bobl proffil debyg yn unig. Mae syniad penodol o hyd am broffil y bobl sy'n derbyn addysg Gymraeg, ac mae plant sydd angen gwasanaethau cefnogi amrywiol yn cael eu cyfeirio at ysgolion cyfrwng Saesneg.

Yr hyn sy'n rhoi gobaith i fi yw gweld pobl fel fy ffrind Emma* (wedi newid enw), sy'n ddu ac wedi dod i Gymru drwy hap a damwain, yn dewis dysgu Cymraeg, a magu ei phlant yn Gymraeg iaith gyntaf mewn tref nepell o Gas-Gwent – enwog fangre'r siop sglodion. Pe bai gan awdurdodau owns o hyder a chariad Emma at y Gymraeg, byddai 2062 yn edrych yn wahanol iawn i sefyllfa'r Gymraeg heddiw.

Gorffennaf 2021
Ar ôl cyfnod caeth Covid, roedd y rali ar lan Tryweryn yn teimlo fel gŵyl fach. Roeddwn i wedi poeni y byddai trafod sefyllfa ddifrifol tai ac eiddo a'r bygythiad i gymunedau yn ormod yng nghysgod Tryweryn, ond roedd ysbryd o obaith yn treiddio drwy'r rali. Gobaith wrth i bobl ddod at ei gilydd, gobaith bod undod cri 'Nid yw Cymru ar Werth' yn mynd i orfodi newid, gobaith bod modd i Lywodraeth Cymru o'r diwedd sefyll yn erbyn grymoedd cyfalafol oedd yn rhwygo cymunedau ac yn tanseilio dyfodol pobl ifanc.

Daeth baner Cymru enfawr a rywle ac aeth fy mab Cadog a phlant eraill i ddawnsio dan y faner wrth iddi gael ei chludo'n araf ar hyd yr argae – fe gofiaf eu hwyl a'u chwerthin iach ochr yn ochr â Llyn Celyn am byth. Mae gobaith yn drech nag unrhyw siom a thor calon.

Gweithredu dros fater tai a chynllunio yw'r prawf pennaf i Lywodraeth Cymru ers ei sefydlu. Y cwestiwn yw a fydd y gweithredu'n ddigon radical i weddnewid y sefyllfa erbyn 2062? Mae Brexit a Covid wedi gwaethygu'r sefyllfa i'r fath raddau fel bod y dasg o sicrhau dyfodol i lawer o'n cymunedau yn edrych yn amhosib weithiau. Nid boddi trosiadol yn unig sy'n wynebu ein cymunedau chwaith, mae her newid hinsawdd yn bwysau annheg i roi ar ysgwyddau'r genhedlaeth nesaf. Efallai na fydd modd byw mewn rhai cymunedau, neu bod y profiad o fyw yno mor anodd bod yn rhaid i bobl symud o'u bro.

Ond mae gobaith ac mae 'na ddyfodol yn bosib. Mae'r ateb yn ein cymunedau'n barod dim ond i ni gael y gefnogaeth i weithredu, fel y dengys cynifer o'r mentrau cymdeithasol sydd wedi datblygu dros y blynyddoedd diwethaf. Does dim dwywaith y byddwn yn dal i frwydro effeithiau cyfalafiaeth, fy ngobaith i yw bydd ganddon ni fwy o hyder a grym yn lleol – i Gymru fel cenedl ac yn lleol yn ein cymunedau – i frwydro'r effeithiau a chreu atebion gwyrdd sy'n rhoi gyfle i bawb ffynnu.

Llaw chwith Owain Glyndŵr

TAMSIN CATHAN DAVIES

BLE ARALL FYDDAI Cymdeithas yr Iaith yn dwyn pwysau ar Gyngor Powys i ddangos arweiniad a sefydlu ysgol uwchradd cyfrwng Cymraeg gyntaf y sir drwy drefnu gorymdaith ar faes yr Eisteddfod a arweinid gan Owain Glyndŵr ei hun, os nad Mathrafal? Fy rôl i yn y brotest hon oedd casglu gwisg a tharian Owain o'i Senedd-dy wrth imi fynd adref i fwydo'r pysgod, golchi ychydig o ddillad a threulio noson yn fy ngwely fy hun, cyn dychwelyd i'r maes drannoeth. Aeth popeth yn iawn i gychwyn.

Cysylltais i â'r gofalwr a agorodd ddrws trwm y Senedd-dy imi, gan fy arwain at gylch o fodelau maint llawn yn eistedd o gwmpas bwrdd mewn gwisg o'r Oesoedd Canol. Dyma Owain a'i lys. Dechreuodd pethau fynd o chwith wrth imi geisio dadwisgo Owain. Roedd e wedi'i wneud o ryw fath o blastig caled, cwbl anhyblyg. Daeth y gofalwr i'm helpu, ac wrth inni dynnu ac ymgodymu ag Owain, gweithiodd ei law chwith yn rhydd a disgyn ar y llawr llechi.

'O na,' meddai'r gofalwr. 'Mae e wedi colli bys!'

'Peidiwch â phoeni,' meddwn i. 'Af i adref gyda'r llaw a'r bys a'u gludo'n ôl at ei gilydd.'

Felly ar ôl peth ymladd, llwyddon ni i dynnu dillad Owain, a chasglais i ei helmed a'i darian.

'Ydych chi angen ei gleddyf?' gofynnod y gofalwr.

'Na, sa i'n credu,' atebais i, gan feddwl am y dull di-drais.

Rhaid i Bopeth Newid

Beth bynnag, roedd y cleddyf mewn blwch gwydr ac wedi'i glymu ar ryw fath o stondin. Ar ôl ymrafael ag Owain, nid oedd gen i'r egni i ddelio â'i gleddyf hefyd. Roedd rhyddhad y gofalwr yn amlwg. Felly i ffwrdd â mi i dreulio noswaith ar y soffa gyda photyn o lud yn glynu bys Owain Glyndŵr yn ôl ar ei law.

Y bore trannoeth, roeddwn i wedi dychwelyd i'r maes. Roedd Marta ar stondin y Gymdeithas yng ngwisg Owain, yn recriwtio'r bobl a oedd yn pasio heibio i'r brotest neu i gymryd rhan yn ei hymchwil ddoethurol. (Priodol iawn o ystyried bwriad Owain Glyndŵr i sefydlu dwy brifysgol yng Nghymru). Ond rhywbryd ar ôl i bethau ddechrau prysuro, dyma Robin yn cael galwad ffôn. Ar fy llw, roedd e'n giglan.

'Be' ddigwyddodd neithiwr yn union?' holodd.

'Nes i gwrdd â'r gofalwr – oedd e'n fy nisgwyl. Roedd hi'n anodd braidd dadwisgo Owain a wnaethon ni ollwng ei law ar y llawr a thorri un o'i fysedd. Ond mae'n iawn – dwi wedi ei ludo fe'n ôl ymlaen, a ti ddim yn gallu gweld yr uniad nawr.'

'O, oherwydd aeth Alun i mewn y bore 'ma ac mae e newydd ffonio i ddweud bod rhywun wedi torri i mewn i'r Senedd-dy a dwyn dillad Owain Glyndŵr a'i law chwith, gan ei adael yn noethlymun! Roedd e'n mynd i ffonio'r heddlu.'

'Fyddwn i ddim yn dweud ei fod e'n noethlymun, rili. Roedd e'n gwisgo rhyw fath o diwnig o dan ei ddillad, a wnaethon ni adael honno amdano.'

'Mae'n iawn, dwi wedi'i berswadio fe i beidio galw'r heddlu. Roedd Llion wedi dweud wrth y gofalwr ond heb ddweud wrth y rheolwr, mae'n debyg.'

Ar ôl inni osgoi cael ein harestio am ddwyn dillad Owain Glyndŵr, roedd hi'n amser paratoi am y brotest. Roeddwn i'n poeni na fyddai'r wisg yn ffitio Danny, oedd yn actio Owain, ond, yn wahanol i Owain, doedd Danny ddim wedi'i wneud o blastig.

'Y pethau ni'n eu gwneud dros yr iaith,' meddai fe, gan

ochneidio a thynnu'r wisg yn hawdd dros ei ben. Gwnaeth Owain Glyndŵr ardderchog.

Aeth yr orymdaith yn berffaith. Dychwelais i wisg a llaw chwith Owain i'r Senedd-dŷ mewn un darn.

*

'Mae'n amser inni ddewis ysgol. Mae'r Cylch wedi postio linc i'r ffurflen ar Facebook.'

'Beth wyt ti'n feddwl?' meddai fy ngŵr. 'Ydyn ni'n mynd am yr un yma a gweld sut mae'n mynd?'

Felly, dyna oedd y drafodaeth yn y diwedd. Ar ôl i wrthwynebwyr osod stondin yn y farchnad i gasglu llofnodion ar ddeiseb yn erbyn y newid, dadlau ar y cyfryngau cymdeithasol, erthyglau gwrth-Gymraeg yn y wasg, ymddiswyddiad hanner pwyllgor y Cylch Meithrin yn dilyn cefnogaeth y Mudiad Meithrin, ac awgrym dylai Siôn Corn y Cylch eithrio'r plant Cymraeg a rhoi llyfrau uniaith Saesneg i ymwelwyr â'i ogof, rhag ofn bod golwg llyfr dwyieithog yn codi gwrychyn y rhai gwrthwynebus. Roedden ni wedi dewis yr ysgol yn y dref, gan y byddai'r ffrwd Saesneg yn dod i ben y mis Medi canlynol a byddai blwyddyn derbyn Elis yn flwyddyn cyfrwng Cymraeg yn unig am y tro cyntaf. Roedd gen i amheuon, wrth gwrs. Byddai'r system ddwy ffrwd yn parhau i'r plant hŷn, a byddai Elis yn ei flwyddyn olaf pan fyddai'r ysgol yn ysgol cyfrwng Cymraeg yn ei chyfanrwydd. Ond llenwais i'r ffurflen a'i hanfon i dduwch seiberofod y gwasanaeth ysgolion.

Atseiniodd un sgwrs yn fy mhen wrth imi wasgu'r botwm 'anfon'.

'It would be different if we were in a more Welsh speaking area. But it's so dilute here...' meddai hi.

'But we're in part of the most Welsh speaking bit of Wales! It's not like we're in somewhere like Newport.'

Saib bach.

'That's true,' meddai hi'n ofalus, fel petai'n gweld yr ardal mewn goleuni newydd am y tro cyntaf.
Ond roeddwn i'n meddwl hefyd. Efallai ei bod hi'n iawn. Efallai ei bod hi'n rhy hwyr i'r rhan hon o'r Fro Gymraeg. Nid yw'n gymuned Gymraeg yn llygaid rhai erbyn hyn. Efallai bod yr iaith wedi edwino cymaint does dim dod yn ôl. On'd oedd 40% o Aberdâr yn siarad Cymraeg pan oedd Kate Roberts yn dysgu yno? A sut oedd hi pan oeddet ti yn byw yn y de? Un hen ŵr yn cael ei astudio am ei 'e' fain hudolus oherwydd bod ei acen bert wedi mynd ar ddifancoll. Rhan o'r Gymru ddi-Gymraeg, chwedl Harold Carter. Ai dyma ein dyfodol ni?

*

Mae fy mab, fel y rhan fwyaf o blant bach, wrth ei fodd yn y lle chwarae, sy'n digwydd bod yn y parc gyferbyn â Chylch Meithrin y dref. Dyma ni eto, un prynhawn yn yr haf, wrth y siglenni. Gwelodd Elis ferch fach mae'n ei hadnabod ar y siglen ddwbl. Roedd e'n llawn cyffro.
'Fi eisiau mynd ar y siglen hefyd!' meddai fe.
'Wel,' meddwn i, 'Wyt ti eisiau mynd ar y siglen fach drws nesaf?'
'Helô, Elis' meddai'r ferch fach, 'Do you want to come on too?'
Yna, trodd at ei thad, a oedd yn gwthio'r siglen.
'Dadi, can Elis come on too?'
'Alright, you need to move out of the way for him to climb on too,' meddai ei thad wrthi.
'Fi'n dringo, fi'n dringo,' meddai Elis yn hapus, gan geisio tynnu ei hun i mewn i'r siglen.
'Tyrd nawr,' meddai'r tad, 'Na i helpu ti. Ti ddim yn ddigon tal i wneud 'na eto.'
Hwpodd Elis i mewn i gymryd ei le wrth ymyl y ferch fach.
'Ocê!' meddai'r tad, 'Maisie, mae angen iti aros yn y canol. Paid symud!'

A dechreuodd wthio eto, gyda'r ddau blentyn yn giglan ac yn gweiddi.

'Felly dyma Elis,' meddai'r tad wrthyf fi. 'Maen nhw yn y Cylch gyda'i gilydd. Mae Maisie yn siarad amdano drwy'r amser'.

'O, mae e wrth ei fodd yn y Cylch gyda'i ffrindiau bach,' atebais i, gan deimlo ychydig o banig nad oeddwn i'n cofio clywed am Maisie yn benodol.

'Mae hi'n gwneud yn dda hefyd. Mae hi wedi dod ymlaen cymaint. Doedd hi ddim yn siarad Cymraeg o gwbl cyn dechrau a rŵan mae hi'n siarad llawer,' meddai yn frwdfrydig. 'Er dyw ei hynganiad ddim yn dda iawn'.

Meddyliais am Elis yn eistedd ar y ffwffa yn gwylio'r teled-a-lu.

'O, dyw ynganiad plant bach ddim yn dda yn gyffredinol. Dyw Elis ddim yn gallu ynganu pethau yn Gymraeg na Saesneg.'

Nodiodd ei ben a pharhaodd i wthio'r siglen yn ôl ac ymlaen, yn ôl ac ymlaen.

'You need to stay in the middle,' meddai Elis wrth Maisie. 'Mami, ni'n mynd yn gyflym iawn, ti'n gweld!'

A dyma fi'n gwrando ar y ddau yn parablu yn Saesneg gyda'i gilydd a meddwl faint mae Saesneg Elis wedi datblygu wrth iddo fynd i'r Cylch.

*

Tro arall, dyma ni wrth y si-so. Gwelai Elis ferch fach ar y trampolîn.

'Mae Carys ar y trampolîn,' meddai fe.

'Wyt ti eisiau mynd ar y trampolîn hefyd?'

'Elis! Elis! Look what I've got,' meddai Carys, gan redeg draw atom ni gyda rhywbeth yn ei llaw. Edrychai Elis yn ansicr. O'i chymharu ag Elis, roedd Carys yn eithaf mawr. Blwyddyn yn hŷn efallai? Symudai Elis fel petai'n mynd i guddio y tu ôl i'm coesau. Yn ffodus, gallwn weld mam Carys yn ei dilyn.

'Mae'n swil! Ti'n codi ofn arno. Pam bo' ti ddim yn gofyn yn Gymraeg?' galwodd ar ôl ei merch.

'Edrych ar y dinosor,' meddai Carys, gan ymestyn ei llaw dew. Cymerodd Elis y tegan plastig ac edrych arno yn ofalus.

'Diolch'.

Trodd ataf.

'Trecs ydi o'.

'Ie, T. Recs,' meddwn i.

Gwenai'r fam arall arnaf.

'Ti'n gweld,' meddai wrth ei merch. 'Mae'n ateb os wyt ti'n siarad Cymraeg.'

'Chasio!' meddai Carys ac i ffwrdd â hi gydag Elis a'r T. Recs yn ei dilyn.

'Ni'n deulu iaith gyntaf,' meddai'r fam wrthyf fi, gyda golwg ofidus. 'Ond mae'r merched yn siarad Saesneg gyda'i gilydd.'

Edrychodd yn drist ar ei merch yn rhedeg o gwmpas y lle chwarae am eiliad. Beth allwn i ei ddweud?

'Wel, mae'r Saesneg ym mhobman, on'd yw hi? Mae'n amlwg bod hi'n siarad Cymraeg.'

Ond yn fy meddwl roeddwn i'n clywed yr adeiladwr ifanc yn y dosbarth Cymraeg roeddwn i wedi'i drefnu rhai blynyddoedd yn ôl.

'I used to speak Welsh. I went to a Welsh school, but when I left I didn't use it and I forgot it...'

*

Sgwrs wahanol iawn gefais â nain Riley. Bachgen yr un oedran ag Elis yw Riley, er ei fod e, fel pawb arall bron, gryn dipyn yn dalach, ac mae Elis wrth ei fodd yn ei gwmni. Roedd Elis ac yntau yn chwarae ar y chwyrligwgan, gyda nain Riley a finnau yn ei gwylio.

'You hold here,' meddai Elis wrth ei ffrind bach.

'Oh, he understands Riley better than we do!' meddai Nain.
'They're in Cylch together,' meddwn i.
'He doesn't speak very well. He's supposed to be going to speech therapy, but it's been delayed.'
'Oh, because of Covid?'
'Yes, who knows when they'll get round to him.'
'Dere nawr!' meddwn i wrth Elis. 'Ti'n mynd yn rhy glou. Ti ddim yn moyn i Riley gwympo i ffwrdd, nag wyt?'
'Iawn Mami,' meddai Elis, gan arafu am ychydig o eiliadau yn unig cyn dechrau rhedeg eto.
'Do you speak to him in Welsh all the time?'
'Well, yes.'
'Riley doesn't speak any Welsh, of course,' meddai Nain. 'It would be too difficult. They need English for if they go away and work, you know.'
'They all learn English, though, don't they? I've never heard of anyone who's left school with no English.'
'Some families, you know, they just speak Welsh!'
'But they can speak English.'
A oedd hi'n credu ei bod hi'n un neu'r llall? O ystyried faint o bobl bryd hynny oedd ar y cyfryngau cymdeithasol yn taeru nad yw addysg Gymraeg yn addysg ddwyieithog, mae'n eithaf posib.

*

Nain wahanol yw nain Ela. Y tro hwn, roedd Elis a finnau yn nghiw'r Cylch Meithrin yn aros i'r staff wirio tymheredd pob plentyn cyn eu harwain lawr i'r adeilad.
'Dyma Anti Elain,' meddwn i wrth Elis, sy'n dechrau colli amynedd. 'Gei di ddangos dy injan dân iddi!'
'O, injan dân hyfryd,' meddai'r fenyw yn y ciw o'n blaen, yn camu i mewn i'm hachub. 'Ydi hi'n newydd?'
'Ie,' meddai Elis, gan ei llygadu yn amheus. 'Injan dân Sam Tân.'

'Ela, have you seen the fire engine?'

Edrychai Ela ar Elis a'r injan dân heb fawr o ddiddordeb.

'It's time to go in, Nain,' meddai hi.

'Rhaid iti aros dy dro,' meddai Nain, gan droi ataf i.

'Dylwn i siarad â hi yn Gymraeg,' meddai'n fyfyriol. 'Dwi wedi mynd i'r arfer o siarad â hi yn Saesneg.'

'Ti'n siarad Cymraeg!' meddai Elis, gan wenu a chwerthin. 'Cymraeg!'

'Ooo,' meddai Nain, fel petai hi wedi eistedd ar rywbeth miniog, annisgwyl. 'O, maen nhw'n pigo i fyny ar fwy na 'dach chi'n sylweddoli.'

'Dwi'n meddwl ei fod e wedi gweithio mas bod rhai pobl yn siarad Cymraeg a rhai pobl ddim,' meddwn i, gan deimlo embaras braidd. O enau plant bychain, medden nhw.

'Mae'n syndod faint maen nhw'n ddeall.'

Y tro nesaf y'u gwelais nhw, roeddent yn siarad Saesneg gyda'i gilydd.

*

Diffyg trosglwyddo rhwng y cenedlaethau, dim dealltwriaeth o addysg Gymraeg, normau, arfer. Maen nhw i gyd yn milwrio yn erbyn y Gymraeg yn y cymunedau sy'n dal i ddefnyddio'r iaith yn feunyddiol. A beth fydd yn cynnal y cymunedau Cymraeg sy'n ail-adeiladu eu hunain yn y 'Gymru ddi-Gymraeg' pan fydd y cymunedau Cymraeg traddodiadol wedi mynd? Does dim un heb y llall. Felly, mae'n rhy hwyr, roeddwn i'n meddwl.

Yna, cwrddais i ag Emma. Roedd hi a'i merch Charlotte yn y ciw i'r clwb carate un nos Wener, a chyn bo hir roeddem ni'n trafod mathemateg a gyrru o gwmpas y dref fel rhan o gystadleuaeth i godi arian at y Cylch.

'Ga i holi cwestiwn?' meddai hi.

'Cei, wrth gwrs. Sa i'n siŵr os fydda i'n gallu ateb e!'

'Oes fersiwn Cymraeg o "I spy with my little eye" heblaw am "Dwi'n gweld efo fy llygad bach i"?'

'Oo, cwestiwn da,' meddwn i. 'Dwi ddim yn meddwl. Mae 'na gân gan Lleuwen Steffan, on'd oes? "Mi wela'i efo fy llygad bach i", dwi'n meddwl. Felly, mae rhywbeth fel "Dwi'n gweld gyda fy llygad bach i" yn swnio'n iawn i mi.'

'Diolch,' meddai hi. 'Achos dwi ddim yn dod o deulu Cymraeg ond dwi'n ceisio adeiladu teulu Cymraeg i Charlotte rŵan'.

*

Yn y pen draw, dewisodd y rhieni gyfrwng yr ysgol. Roedd y ffrwd Saesneg yn llai na'r ffrwd Gymraeg, i'r fath raddau bod digon mewn blwyddyn yn y ffrwd Gymraeg i ffurfio dosbarth, ond roedd yn rhaid cyfuno sawl blwyddyn yn y ffrwd Saesneg i ffurfio dosbarth o'r un maint. Ac mae'n debyg, er syndod i bawb a oedd wedi cael eu haddysg mewn ysgol a oedd yn dysgu plant o 3 i 11 oed mewn un ystafell, ac yn llwyddo i'w cael yn llythrennog a rhifog, nid yw'r drefn hon yn cael ei hystyried yn arfer da y dyddiau hyn. Yn nhermau'r polisïau addysg cyfredol didrugaredd, nid oedd hi'n gynaliadwy. Roedd y rhieni wedi gwneud y penderfyniad o blaid addysg Gymraeg ymhell cyn y cyngor sir, y bwrdd llywodraethol na'r gwneuthurwyr polisi.

Sut mae llaw chwith Owain Glyndŵr yn edrych erbyn hyn? Bregus ond yn dal ei gafael ar ei gleddyf.

Sut des i yn siaradwr Cymraeg?

Joseph Gnagbo

Heddiw, dwi'n teimlo'n integredig yn y gymdeithas Gymraeg. Dwi'n aelod o Gymdeithas yr Iaith ac yn diwtor Cymraeg sy'n dilyn hyfforddiant i gael cymhwyster i ddysgu'r iaith. Mae fy mhlant yn mynd i ysgol Gymraeg ac rydyn ni'n siarad yr iaith yn aml gartref. Fodd bynnag, rai blynyddoedd yn ôl, ychydig iawn o'r bobl ro'n i'n eu cyfarfod fyddai'n betio ar hynny.

Ar y 15 o Chwefror 2018, ro'n i mewn hostel i ffoaduriaid a cheiswyr lloches yn gofyn i bobl ble medrwn i ddysgu Cymraeg. Ro'n i wedi cael fy symud gan y Swyddfa Gartref o Lundain i Gaerdydd y diwrnod cynt ac yn ystod brecwast, ro'n i wedi clywed gan rywun bod iaith gyda Chymru, ei hiaith ei hun. Roedd pawb yn y lobi'n dweud 'Sdim pwynt iti ddysgu Cymraeg, gwell i ti ddysgu Saesneg' neu 'Mae pawb yn siarad Saesneg yma, yn y gwaith, mewn siopau ac ar y stryd.' Neu fe fydden nhw'n dweud, 'Dyw y Gymraeg ddim yn cael ei siarad y tu allan i Gymru.' Yna ar y diwedd dyma nhw'n dweud 'Cer i Migrant Help i holi.'

Cafodd y swyddog yn Migrant Help sioc mae'n amlwg i weld ceisiwr lloches oedd eisiau dysgu Cymraeg. Beth bynnag fe gyfeiriodd e fi at Ganolfan Oasis lle cwrddais i â Matt Spry. Roedd e newydd dechrau cwrs blasu Cymraeg i ffoaduriaid a cheiswyr lloches. Roedd Matt a'r cwrs yn rhoi llygedyn o obaith mewn byd lle mai yr arysgrifau a'r arwyddion ar y stryd oedd

Sut des i yn siaradwr Cymraeg?

yr unig brofiad Cymraeg i fi. Wrth gwrs, roeddwn i yn dal i glywed pobl oedd yn trio fy nigalonni fi.

Yn awr fe fydda i'n clywed yn ychwanegol bod Cymraeg yn iaith ry anodd i'w dysgu. O'm rhan i, roedd gen i ffyrdd o ddelio â syniadau o'r fath. 'Dwi'n byw yng Nghymru felly mae'n normal i fi siarad Cymraeg,' fydda i'n ateb. Hefyd dwi'n cytuno bod Saesneg yn bwysig ond nid yw hynny'n atal rhywun mewn unrhyw ffordd rhag dysgu Cymraeg hefyd, ac mae siarad Cymraeg yn fantais wrth geisio integreiddio.

Yn olaf rhaid gofyn a ydi'r Gymraeg yn iaith anodd mewn gwirionedd? Mae'r syniad hwn yn un rhyfedd i fi achos doedd y rhan fwyaf o'r rhai oedd yn dweud hyn ddim yn dysgu Cymraeg. Hefyd, doedd o ddim yn gwneud llawer o synnwyr i fi pan o'n i yn meddwl am ramadeg Sbaeneg, cymhlethdod yr amserau Ffrangeg, ac ehangder yr eirfa Saesneg a'i berfau afreolaidd. Beth bynnag, ro'n i wedi dechrau a doedd dim byd yn mynd i fy stopio i.

Daliais ati a dyfalbarhau fwy neu lai yn gyson ac yn anad dim, ces i gymorth mawr gan y gymuned o siaradwyr Cymraeg. Ces i lawer o ffrindiau mewn amser byr, ces i gyfle i ymarfer mewn grwpiau o siaradwyr, a chyfle i deithio o gwmpas Cymru. Ces i gymorth gan Gymdeithas yr Iaith a gynigiodd fy swydd gyntaf i fi a chyfle bendigedig i wella fy Nghymraeg. Ces i gymorth gan Gymraeg i Oedolion a gynigiodd gyfle i ddilyn cwrs dwys Cymraeg o'r lefel mynediad i'r lefel uwch. Yna dechreuodd cyfnod newydd ar fy siwrne dysgu Cymraeg: penderfynais i ddechrau dysgu'r iaith i bobl eraill gan dechrau gyda ffoaduriaid a cheiswyr lloches.

Ar ôl gweithio fel gwirfoddolwr mewn sefydliadau sy'n arbenigo mewn rhoi cymorth i ffoaduriaid a cheiswyr lloches, ces i gyfle i wirfoddoli i Gymraeg i Oedolion. Cyfle gwych arweiniodd at swydd fel tiwtor cysylltiedig a hyfforddiant proffesiynol. Mae'r cyfle hwn yn ogystal â'r radd meistr dwi'n gwneud ym Mhrifysgol Abertawe yn fy ngwneud i'n obeithiol iawn am y dyfodol yn enwedig ynghylch fy mreuddwyd o fynd yn ieithydd. Ac yn barod, hyd yn oed os nad wyf wedi dechrau gweithio yn llawn amser, dwi'n teimlo'n gartrefol yn Nghymru oherwydd fy lefel o integreiddio. Dwi'n teimlo'n ddiolchgar i'r gymuned o Gymry Cymraeg am ei chymorth ac yn gobeithio y byddan nhw'n cynnig croeso i geiswyr lloches eraill gan wneud iddynt deimlo'n gartrefol yng Nghymru fel fi.

Dyna pam dwi'n meddwl bod angen mwy o sensitifrwydd ynghylch pa mor fanteisiol yw'r Gymraeg i helpu ffoaduriaid i integreiddio yma yng Nghymru, a bod angen llawer mwy o gyfleoedd i ffoaduriaid a cheiswyr lloches ddysgu Cymraeg.

Ar wahân i'r iaith, buasai'n beth da sicrhau nad oes ymdeimlad negyddol yn codi oherwydd gwahaniaethu ymhlith ffoaduriaid a cheiswyr lloches. Er enghraifft, yn ddiweddar mae Llywodraeth Cymru wedi lansio cynllun sy'n cynnig teithiau bws am ddim i'r holl ffoaduriaid a cheiswyr lloches, sy'n beth i'w groesawu wrth gwrs. Ond ddwywaith, dwi wedi ceisio dal y bws gyda fy mhlant ac mae'r gyrwyr bws wedi dweud y ddau dro bod rhaid i ni dalu gan nad ydyn ni'n dod o Wcráin. Mae'n bosib bod y gyrwyr wedi gwneud camgymeriad, ond mae'r amgylchedd sydd wedi cael ei greu gan Lywodraeth Prydain ac eraill yn annog agwedd elyniaethus.

Mae pawb yn dal yn cofio penderfyniad Llywodraeth Prydain yn ddiweddar i roi arian i deuluoedd i groesawu ffoaduriaid o Wcráin. Ond ar yr un pryd, maen nhw hefyd wedi dod i gytundeb gyda Llywodraeth Rwanda i anfon ceiswyr lloches yng ngwledydd Prydain i Rwanda. Ble mae'r cyfiawnder yn hyn? Beth bynnag yw ymdrechion rhai pobl i roi croeso i ffoaduriaid a cheiswyr lloches, os na fydd cyfiawnder, fydd ffoaduriaid a cheiswyr lloches ddim yn teimlo eu bod nhw gartref.

Gobaith, gweithredu a'r grym sydd gennym ni gyd

Mabli Siriol Jones

> Mae'n rhaid i chi weithredu fel pe bai'n bosibl i chwyldroi'r byd.
> Ac mae'n rhaid i chi ei wneud bob dydd.
> — Angela Davis[1]

MAE GOBAITH YN heriol o dan yr amgylchiadau presennol. Wrth i mi ysgrifennu, mae'r byd yn wynebu'r bygythiad mwyaf difrifol o ryfel niwclear ers degawdau; rydym ond yn cychwyn dod allan o ddwy flynedd o bandemig; mae'n cymunedau'n wynebu dinistr o ganlyniad i'r farchnad dai a degawdau o bolisi neoryddfrydol; mae bywyd bob dydd i filiynau o bobl yn mynd yn anoddach a thlodi ac anghydraddoldeb ar gynnydd; mae problemau iechyd meddwl yn endemig; mae ffoaduriaid yn marw wrth groesi ffiniau; ac mae gwleidyddiaeth awdurdodaidd ac adweithiol yn tyfu ar draws y byd. Ac uwchben pob dim, rydym yn wynebu trychineb newid hinsawdd i'r ddynoliaeth oll oni bai ein bod yn gweithredu ar raddfa fwy cydlynus a phellgyrhaeddol nag y mae'n llywodraethau i'w gweld yn barod i'w wneud, a hynny ar frys. Hawdd dod i'r casgliad mai dim ond ffŵl fyddai'n teimlo gobaith yn wyneb hyn oll. Ond, fel dywedodd Saunders Lewis yn 1962:

---

[1] Dyfyniad o ddarlith a roddwyd yn Southern Illinois University, ar 13 Chwefror 2014. Ar gael yn https://www.youtube.com/watch?v=6s8QCucFADc

A ydy'r sefyllfa yn anobeithiol? Ydy, wrth gwrs, os bodlonwn ni i anobeithio. Does dim yn y byd yn fwy cysurus nag anobeithio. Wedyn gall dyn fynd ymlaen i fwynhau byw.²

Y dewis sydd yn ein hwynebu ni, ar unrhyw adeg mewn hanes, yw hyn. Anobeithio a cheisio troi ein cefnau ar y gwirionedd – y dioddefaint, yr anghyfiawnder a'r trais yn y byd, a chrebachu i'n bywydau bach ni. Ond wrth gwrs, mae gan y byd dueddiad i amharu ar yr ymgais hwnnw. Y dewis arall yw gwrthod cysur anobeithio – cysur ffug – a gweithredu, mewn pa bynnag ffordd allwn ni, dros ddyfodol gwahanol. Efallai na wnaiff ein hymdrechion lwyddo, efallai mai pitw fydd ein cyfraniad, ond mi fyddwn wedi cyfrannu. 60 mlynedd yn ôl, atebodd pobl Cymru her *Tynged yr Iaith*, a gwrthod cysur anobeithio. Ac mae'r her yn parhau i ni heddiw, fel mewn pob cyfnod. Mae gobaith yn fwy hanfodol nag erioed nid er gwaethaf yr amgylchiadau, *ond o'u herwydd*. Dim ond gyda gobaith y gallwn wynebu'r sefyllfa sydd o'n blaenau, a gweithredu i'w newid.

Gobaith

Yn ei chyfrol o draethodau, *Hope in the Dark*, mae Rebecca Solnit yn cynnig dadl dros obaith a'i bwysigrwydd mewn actifyddiaeth.³ Dadleua Solnit fod gobaith i'w ganfod yn y ffaith nad ydym yn gwybod beth fydd y dyfodol, gan nad yw wedi'i benderfynu eto, a bod hanes yn dangos bod pobl yn gallu ei newid. Ysgrifenna:

> Hope is an embrace of the unknown and the unknowable, an alternative to the certainty of both optimists and pessimists. Optimists think it will all be fine without our involvement;

---

[2] Saunders Lewis, *Tynged yr Iaith*, darlledwyd gan BBC Cymru, 13 Chwefror 1962. Ar gael yn https://cymdeithas.cymru/sites/default/files/archif/pdf/tynged.pdf

[3] Rebecca Solnit, *Hope in the Dark: Untold Histories, Wild Possibilities* (3ydd argraffiad) (Caeredin: Canongate Books, 2016).

pessimists take the opposite position; both excuse themselves from acting.⁴

Mae casgliad y pesimist a'r optimist ill dau yn golygu nad oes angen gweithredu, achos ni fydd gweithredu'n newid dim. Ond, fel mae Solnit yn dangos yn y llyfr trwy archwiliad o lu o wahanol unigolion a mudiadau, mae hanes yn llawn enghreifftiau o weithredoedd pobl yn newid ei drywydd. Mae dadl Solnit yn adlewyrchu gosodiad Saunders Lewis fod dim yn fwy cysurus nag anobeithio, achos nid yw anobeithio yn gofyn dim byd gan neb. Mae gobaith, ar y llaw arall, yn mynnu gweithredu. Mae'n cysylltu ni gyda'r presennol fel y mae, ein hanes a'r gwahanol ddyfodolau posib. Mae'n ein hatgoffa ni o'n cyfrifoldeb i chwarae ein rhan lawn yn ein bywydau ein hunain a'r byd o'n cwmpas. Yng ngeiriau'r athronydd Ernst Bloch:

> Hope, superior to fear, is neither passive like the latter, nor locked into nothingness. The emotion of hope goes out of itself, makes people broad instead of confining them, cannot know nearly enough of what it is that makes them inwardly aimed, of what may be allied to them outwardly. The work of this emotion requires people who throw themselves actively into what is becoming, to which they themselves belong.⁵

Nid yw gobaith, yn y dadansoddiad hwn, yn ystrydeb i roi cysur i bobl, ond rhywbeth sy'n ysgogi gweithredu. I Solnit, daw gobaith o ddadansoddiad clir a di-rith o natur ein byd, hanes dynoliaeth a gallu pobl gyffredin a mudiadau i newid pethau. Meddai, '[h]ope just means another world might be possible, not promised, not guaranteed. Hope calls for action'⁶. Mae

---

⁴ Ibid., tudalen xii.
⁵ Ernst Bloch, *The Principle of Hope, Vol.1* (*Das Prinzip Hoffnung*, 1954), cyfieithiad Saesneg gan Neville Plaice, Stephen Plaice, Paul Knight (Cambridge, Massachusetts: MIT Press, 1986) Cyflwyniad ar gael yn https://www.marxists.org/archive/bloch/hope/introduction.htm
⁶ Solnit, tudalen 4.

gobaith a gweithredu felly'n mynd law yn llaw: cawn obaith o gofio'r hyn mae gweithredu wedi'i gyflawni, gweithredwn yn y gobaith y gallwn newid pethau, ac adeiladwn obaith pellach trwy weithredu.

Mae hanes y mudiad iaith yng Nghymru yn ffynhonnell o obaith yn yr ystyr hwn. Mae'n glir, wrth edrych yn ôl, na fyddai dyfodol y Gymraeg fel iaith fyw wedi'i sicrhau oni bai am ymdrechion pobl gyffredin a weithiodd i wneud hynny yn wyneb yr holl rymoedd oedd yn erbyn yr iaith (ac sy'n parhau hyd heddiw). Nid oes rhaid ond edrych ar wledydd eraill o gwmpas y byd i weld beth all ddigwydd i iaith leiafrifol heb yr ymyrraeth hon. Un fenyw oedd Eileen Beasley, ond newidiodd hi a sawl un arall drywydd hanes trwy eu gweithredoedd, a sbardunodd gymaint o weithredu pellach. Mae hanes hir o fuddugoliaethau gan Gymdeithas yr Iaith, a phob un ohonynt wedi'u hennill gan bobl gyffredin yn dod at ei gilydd. Nid trwy rodd gan y rhai mewn grym, ond trwy'r 'penderfyniad, ewyllys, brwydro, aberth, ymdrech' y galwodd Saunders Lewis amdano.[7] Mae'r un peth yn wir am bob mudiad dros newid cymdeithasol a brwydrau o gwmpas y byd yn erbyn gormes a thrais. A bydd yn wir eto os ydym yn llwyddo atal trychineb newid hinsawdd. Pobl gyffredin yn cydweithio fydd yn gwneud hyn, nid pleidiau gwleidyddol, ein harweinwyr honedig nac unrhyw sefydliad. Dyma ffynhonnell gobaith. Nid ffydd y bydd popeth yn iawn heb ymyrraeth, neu y bydd rhyw rym allanol yn dod i'n hachub, ond ffydd ddiysgog a diderfyn mewn pobl a'r hyn maen nhw'n gallu ei wneud. Ar un olwg mae'r dadansoddiad hwn yn frawychus, ac mae'r dasg yn ymddangos yn enfawr. Ond ar olwg arall, mae'n ysbrydoliaeth ac yn rhyddhad. Mae'n ysgogiad i weithredu ac i gychwyn nawr, achos nid oes angen aros i neb ddod i'n hachub ni ond ni ein hunain.

Mae gan yr actifydd Americanaidd, Mariame Kaba,

---

[7] Lewis, *Tynged yr Iaith*.

ddywediad: 'mae gobaith yn ddisgyblaeth'[8], sy'n crisialu gobaith yn berffaith i mi. Nid rhywbeth sy'n dod yn naturiol o hyd yw hi, ond rhywbeth mae'n rhaid ei arfer os ydym am gynnal ein hunain, ac eraill, er mwyn parhau i weithredu. Mae gobaith yn tueddu i gael ei bortreadu fel rhywbeth meddal, rhywbeth ysgafn, rhywbeth gwamal. Ond mae hynny'n hollol anghywir – mae'n rhywbeth cadarn a gwydn, mae'n ddur. Beth all fod yn gryfach na gobaith, yn dyfalbarhau er gwaethaf pob math o amgylchiadau? Ar lefel bersonol a gwleidyddol, nid yw gobaith o hyd yn dod yn hawdd. Ond dyna pam mae gweld gobaith fel disgyblaeth yn gymorth ac yn gadernid. Mae'n benderfyniad bwriadol y mae'n rhaid ei wneud bob dydd. Mae'n arfer ac yn ddefod. Yn arf ac yn gyhyr. Does dim byd hudol amdano, yn wir, mae'n rhywbeth cyffredin, 'bob dydd' ymhob ystyr o'r gair. Rhaid disgyblu ein hunain i ymarfer gobaith yn ddyddiol, yn erbyn pob ysgogiad a themtasiwn i beidio. Trwy wneud hynny, a thrwy weithredu o ganlyniad, mae gobaith yn dod yn arferol, ac mae'n tyfu. Yna rydyn ni mewn lle gwell i gynnig gobaith i eraill, ac i gynnal ein gilydd ar gyfer y brwydrau i ddod. Ac yn y bôn, dyna'r peth pwysicaf i gyd.

Gweithredu

Yr her fwyaf i unrhyw fudiad sy'n gweithio dros fyd gwell ydy ysbrydoli digon o bobl i weithredu drosto. Mae ymgyrchu'n anodd ac mae'n mynd yn groes i'r graen mewn nifer o ffyrdd. Rydyn ni'n byw mewn cymdeithas lle cawn y neges yn ddyddiol gan y rhai mewn grym nad oes modd gwneud pethau'n wahanol. O ganlyniad, mae gallu pobl i ddychmygu ffyrdd eraill o fyw yn cael ei gwtogi, ac nid yw pobl yn ymwybodol o faint mae pobl gyffredin *wedi* newid pethau. Yn y sefyllfa bresennol, mae teimladau o anobaith yn gryf, yn enwedig

---

[8] Gweler 'Hope is a discipline: Mariame Kaba on dismantling the carceral state', *The Intercept* (17 Mawrth 2021) ar gael yn https://theintercept.com/2021/03/17/intercepted-mariame-kaba-abolitionist-organizing/

wedi sawl achos diweddar o fudiadau gwleidyddol blaengar yn colli. Ac mae mudiadau ymgyrchu'n gofyn i bobl droi i ffwrdd o gysur anobeithio, i roi o'u hamser a'u hegni i waith caled, di-dâl, pan mae hynny'n mynd yn gynyddol anoddach o dan amgylchiadau bywyd bob dydd a'i holl bwysau. Mewn cymdeithas lle mae'n bywydau yn gynyddol wedi'u hatomeiddio, nid yw pobl yn cael llawer o brofiad o weithredu torfol, ac mae hyd yn oed credu yn y posibiliad yn anoddach. Wrth i fwyfwy o weithgarwch gwleidyddol ddigwydd ar-lein, caiff pobl eu tynnu mewn i algorithmau sy'n annog gwrthdaro, cystadleuaeth a chondemniad, yn lle'r cyd-ddealltwriaeth a chydweithio mae ymgyrchu'n galw amdano. Yn wyneb hyn oll, mae angen cynnig gobaith er mwyn galluogi ac annog rhagor o bobl i weithredu. Ond sut mae gwneud hynny?

Yn gyntaf, mewn byd lle mae'r ffordd mae ein cymdeithas wedi'i strwythuro yn peryglu dyfodol ein hiaith, ein cymunedau, bywydau pobl o gwmpas y byd a goroesiad y blaned ei hun, rhaid cynnig gweledigaeth amgen i bobl o'r hyn y gall y dyfodol fod. Rhaid i'r weledigaeth hon fod yn un gadarnhaol a phellgyrhaeddol, sy'n edrych yn graff ar yr heriau sy'n ein hwynebu, a beth yn union y gallwn wneud yn wahanol. Mae'n rhaid iddi ymateb i anghenion a realiti bywydau bob dydd pobl gyffredin. Ac mae'n rhaid iddi fod yn onest am ein gwerthoedd, a'r hyn rydyn ni'n ei ddyheu. Rhaid i'n gweledigaeth fod yn un nad yw'n gadael neb ar ôl, sy'n deall nad oes rhyddid i neb, heb ryddid i bawb. Mae angen inni glymu gwahanol frwydrau ac adeiladu undod rhwng mudiadau a chymunedau ar draws y rhaniadau ffug sydd angen eu goresgyn os ydyn ni am lwyddo i sicrhau dyfodol gwell i bawb.

Ynghyd â'n gweledigaeth, rhaid meithrin ynom ein hunain ac mewn eraill ddealltwriaeth o natur grym yn ein cymdeithas bresennol. Rhaid deall taw'r unig ffordd i newid pethau er lles pobl gyffredin yw trwy drefnu ac ymgyrchu – sef ein grym penodol ni. Ac mae hanes yn llawn enghreifftiau o'r grym hwn yn buddugoliaethu. Fel noda'r hanesydd Howard Zinn:

Gobaith, gweithredu a'r grym sydd gennym ni gyd

[T]he struggle for justice should never be abandoned because of the apparent overwhelming power of those who have the guns and the money and who seem invincible in their determination to hold on to it. That apparent power has, again and again, proved vulnerable to human qualities less measurable than bombs and dollars: moral fervour, determination, unity, organisation, sacrifice, wit, ingenuity, courage, patience.[9]

Mae'n bwysig fel ymgyrchwyr i gadw'r cof yna'n fyw, i ddathlu ein buddugoliaethau, bach a mawr, yn y gorffennol a'r presennol. Deallwn wedyn fod yr hyn sy'n cael ei ystyried yn bosib heddiw yn fympwyol, ac wedi'i bennu gan y rhai mewn grym, fel mae wedi bod erioed. Mae bob amser modd gwneud pethau'n wahanol, ac unwaith mae newid yn digwydd, yn gyflym iawn mae'n cael ei normaleiddio a'i dderbyn, a radicaliaid y gorffennol yn cael eu cofleidio. Dyma natur ymgyrchu, a dyma sut mae meithrin hyder pobl bod modd iddynt wneud gwahaniaeth, a'r ddealltwriaeth ganddynt bod y bobl, weithiau, yn gallu ennill.

Yn olaf, rhaid creu mudiadau y mae pobl eisiau bod yn rhan ohonynt. Darnau o'r byd lle mae modd i bawb ddatblygu eu galluoedd personol, cydweithio, ffurfio perthnasau, gofalu am ei gilydd ac – yn bwysig – mwynhau. Dylai ein mudiadau fod yn gymunedau ynddynt eu hunain, lle mae modd i bobl fod yn rhan o rywbeth ehangach a datblygu synnwyr o bwrpas a chyfraniad, sef un o'n hanghenion sylfaenol fel pobl. Y rheswm mae Cymdeithas yr Iaith wedi bod yn fudiad mor llwyddiannus am 60 mlynedd yw ei fod wedi cynnig gobaith, datblygu gweledigaeth ysbrydoledig ac adeiladu cymuned. Ond mae angen parhau, a pharhau i wella. Achos mae adeiladu mudiadau o'r fath yn anodd, ac mae'n waith parhaus. Ond dyna sut fyddwn ni'n ennill.

---

[9] Howard Zinn, 'The Optimism of Uncertainty', *The Nation*, 2 Medi 2004. https://www.thenation.com/article/archive/optimism-uncertainty/

Y ffordd ymlaen

Cysyniad pwysig mewn unrhyw waith dros fyd gwell i bobl a chymunedau ydy *rhagddarluniad*.[10] Mae'n golygu cychwyn ar greu'r byd rydyn ni'n ei ddyheu yn ein gweithredoedd bob dydd, hyd yn oed os yw hynny dim ond mewn ffyrdd bach, neu ddim ond am gyfnod o amser. Nid oes angen aros i'r chwyldro gyrraedd i ddechrau byw yn y ffordd rydyn ni eisiau i bobl allu byw – yn y modd rydyn ni'n gweithredu bob dydd, yn trin ein hunain a'n gilydd, ac yn y gofodau, y mudiadau a'r cymunedau rydyn ni'n eu creu. Achos y gwir yw, nid rhywbeth allwn ni aros amdano yw'r chwyldro – mae'n rhywbeth y mae'n rhaid i bobl gyffredin ei greu. Wrth roi'r dull di-drais ar waith yn ein bywydau ein hun, rydym yn cyfrannu cam wrth gam at y siwrne tuag at fyd heb drais o bob math – byd heb ryfel nac arfau niwclear, byd heb orthrwm o bob math. A phob tro rydyn ni'n mynnu *popeth yn Gymraeg*, rydyn ni'n cyfrannu tuag at fyd lle taw dyna fydd y norm.

Ni fyddwn o reidrwydd yn llwyddo i greu'r union fyd rydyn ni'n ei ddyheu o fewn ein hoes unigol ni, ac mae cymaint sydd tu hwnt i'n rheolaeth bersonol. Ond, trwy weithredu gyda'n gilydd, mi allwn wneud cyfraniad, ac mi fydd yna un gornel fach o'r byd lle fydd ein gwerthoedd yn fyw. Trwy hynny mae gobaith, trwy hynny mae cam tuag at fyd gwell. Ac mae'r weithred ei hun yn newid pobl, yn eu galluogi i ddychmygu, credu mewn a gweithio tuag at fyd gwell, ac yn eu tro ysbrydoli ac ysgogi eraill. Mae goleuni i'w ganfod ymhob un o'n hymdrechion. Yng ngeiriau Zinn eto:

> The future is an infinite succession of presents, and to live now as we think human beings should live, in defiance of all that is bad around us, is itself a marvelous victory.[11]

---

[10] '*Prefiguration*' yn Saesneg.
[11] Zinn, 'The Optimism of Uncertainty'.

Gobaith, gweithredu a'r grym sydd gennym ni gyd

Dyma yw byw a gweithredu'n chwyldroadol. Nid aros am y sicrwydd y bydd popeth yn iawn (neu'r gwrthwyneb). Sicrwydd fydd byth yn dod. Nid aros am chwyldro fydd byth yn cyrraedd oni bai ein bod ni'n ei greu. Yn hytrach, mae'n golygu'r ddisgyblaeth sy'n rhaid ei chadw bob dydd – disgyblaeth gobaith. Nid rhywbeth ffôl neu wan ydyw, ond y grym a'r cadernid tawel sy'n dod trwy wybod i sicrwydd fod gan y gri enwog honno ail gymal ymhlyg: oes, mae'n rhaid i bopeth newid, ond mae'n gallu.

Bywgraffiadau

Marian Delyth
Mae Marian Delyth yn ddylunydd a ffotograffydd sydd yn byw ym Mlaenplwyf ger Aberystwyth. Mae ei gwaith ffotograffig wedi ei wreiddio yn ddwfn ym maes ffotograffiaeth ddogfennol. Bu'n cofnodi ymgyrchoedd dros gyfiawnder i'r iaith a datblygiad y mudiad cenedlaethol yng Nghymru ers degawdau. Mae'n gweld y lluniau hynny fel rhan annatod o archif ehangach o luniau sy'n portreadu ymgyrchoedd dros heddwch a chyfiawnder – yng Nghymru a thu hwnt. Cyhoeddir y lluniau yn y wasg ac mewn llyfrau, ac mae'n arddangos ei gwaith yn gyson.

Bu'n aelod o Gymdeithas yr Iaith ers y chwedegau – cyfnod ei harddegau yn Ysgol Ardwyn, Aberystwyth. Gwelir llawer o'i lluniau mewn ôl-rifynnau o *Tafod y Ddraig*, ymhell cyn dyfodiad yr oes ddigidol. Cyhoeddwyd detholiad o'r archif yn y gyfrol *I'r Gad* (gol. Arwel Vittle, Y Lolfa). Mae'r gwaith dogfennu yn parhau. Trodd ei sylw yn y cyfnod diweddar at wledydd bychain ar ffin orllewinol Ewrop a'r cysylltiadau rhyngddynt fel adwaith i gyfnod Brexit.

Tamsin Cathan Davies

Daw Tamsin o Ffwrnais, gogledd Ceredigion yn wreiddiol. Mae hi wedi astudio a gweithio mewn prifysgolion yn y gwledydd Celtaidd dros y 25 mlynedd diwethaf – Caeredin, Belfast, Dulyn, Abertawe ac Aberystwyth. Ymaelododd â Chymdeithas yr Iaith yn dilyn cyfrifiad 2011 ac mae hi wedi bod ar Senedd y Gymdeithas sawl gwaith ac ar hyn o bryd hi yw'r is-gadeirydd Cyfathrebu. Mae hi wedi dyfeisio patrwm gwau *Tafod y Ddraig*.

Steve Eaves

Mae Steve yn gerddor, yn gyfansoddwr, yn fardd ac yn ymgynghorydd cynllunio iaith. Bu'n ymwneud â'r maes polisi iaith ers mwy na 40 mlynedd – ym myd llywodraeth leol am 22 flynedd, lle bu hefyd yn gynrychiolydd undebol. Wedyn, ers 2001, fel ymgynghorydd gydag Iaith Cyf – y Ganolfan Cynllunio Iaith, bu ei waith yn pontio rhwng cynllunio ieithyddol, ymchwil a hyfforddiant mewn sefydliadau cyhoeddus, a'i ddiddordeb academaidd mewn ieithyddiaeth feirniadol a chymdeithaseg iaith. Steve a ymgymerodd â'r ymchwil empirig cyntaf i faes 'ymwybyddiaeth ieithyddol feirniadol' yng Nghymru. Mae ysgrif Steve yn mynegi ei safbwyntiau personol, fel aelod o'r Gymdeithas.

Ymunodd â'r Gymdeithas yn 1974 ac mae wedi parhau'n aelod byth ers hynny. Treuliodd gyfnodau ar Senedd y

Gymdeithas mewn amryw o swyddi, gan arwain ymgyrchoedd yn y maes cynllunio a thai, a chyfnod fel Is-gadeirydd y Gymdeithas (1983-85) a Chadeirydd Rhanbarth Gwynedd.

Haf Elgar
Haf Elgar yw Cyfarwyddwr Cyfeillion y Ddaear Cymru ac mae wedi gweithio i'r mudiad ers 2008. Yn y blynyddoedd diwethaf bu'n arwain tîm a ymgyrchodd yn llwyddiannus dros Gymru ddi-danwyddau ffosil gyda dim rhagor o gloddio glo brig na ffracio, ac yn cefnogi rhwydwaith gynyddol o grwpiau llawr gwlad ledled Cymru. Bu'n gweithio ar y cyd i rwystro ffordd liniaru'r M4, dylanwadu ar ddeddfwriaeth hinsawdd a deddf arloesol Llesiant Cenedlaethau'r Dyfodol, ac mae'n ymgyrchu ar nifer o faterion cyfiawnder hinsawdd gan gynnwys llygredd aer a thlodi tanwydd. Mae'n aml i'w chlywed ar y cyfryngau Cymraeg yn enwedig ar faterion newid hinsawdd. Cyn hynny bu'n byw ym Mrwsel am saith mlynedd ac yn bennaeth staff ac ymchwil i'r ASE Jill Evans yn Senedd Ewrop. Er gwaethaf treulio mwy o amser yn ymgyrchu nag yn astudio fe gafodd radd mewn Gwleidyddiaeth Ryngwladol a'r Gymraeg gan Brifysgol Aberystwyth a gradd Meistr mewn Gwleidyddiaeth Ewropeaidd o Brifysgol Caeredin yn ogystal â derbyn addysg wleidyddol werthfawr gan y Gymdeithas. Bu ar Senedd y Gymdeithas rhwng 1994 ac 1999 yn bennaf ym meysydd statws yr iaith a diwylliant. Mae hi'n dal i fod yn aelod brwd os nad bob amser yn weithgar.

Ffred Ffransis

Magwyd Ffred yn Syni Rhyl ar aelwyd Saesneg ei hiaith ac mae'n dal yn gefnogwr brwd i dîm pêl-droed y dref. Dysgodd y Gymraeg yn yr ysgol ac yng Ngholeg Prifysgol Aberystwyth a thrwy brofiad gweithredu. Ymunodd â Chymdeithas yr Iaith ac yntau'n dal yn yr ysgol o ganlyniad i helynt Brewer-Spinks ym Mlaenau Ffestiniog yn 1965 a chymerodd ran yn ei brotest gyntaf wrth gyrraedd coleg Aberystwyth yn 1966, a bu ei ymddangosiad llys cyntaf yn Aberystwyth yn 1967 am iddo wrthod dangos disg treth modur Saesneg yn y car a brynodd am £5 er mwyn cymryd rhan yn y brotest. Bu'n weithredol yn yr ymgyrchoedd dros arwyddion ffyrdd dwyieithog, dros sianel deledu Gymraeg, dros Gorff Datblygu Addysg Gymraeg a thros gynnal ysgolion a chymunedau gwledig Cymraeg. Wedi priodi symudodd i fyw i'r Gymru wledig ac ymsefydlu yn Nyffryn Teifi. Fe'i carcharwyd wyth gwaith oherwydd ymgyrchoedd y Gymdeithas, a'r diweddaraf yn 2010. Treuliodd rai degawdau ar Senedd y Gymdeithas, blwyddyn fel Cadeirydd yn 1975-76, ac ers cyfrifiad 2011 mae wedi canolbwyntio ar weithgarwch y Gymdeithas yn Sir Gaerfyrddin. Sefydlodd ef a Meinir ei wraig gwmni Cadwyn fel cyfrwng i hybu gwerthiant crefftau Cymru a nwyddau masnach deg trwy gyfrwng y Gymraeg, a sefydlodd fentrau Cristnogol CICPEN a CODA NI yn Nyffryn Teifi. Dywedodd mai'r bobl yn y byd sydd wedi dylanwadu fwyaf arno yw Gwynfor Evans, Dafydd Iwan, Frantz Fanon a'r Apostol Iago.

Joseff Gnagbo

Daw Joseph Gnagbo o'r Arfordir Ifori yng Ngorllewin Affrica. Daeth i Gymru fel ceisiwr lloches gan ymgartrefu yng Nghaerdydd a dysgu Cymraeg. Mae o hefyd yn Diwtor Cymraeg a fo yw'r llefarydd Materion Rhyngwladol ar Senedd Cymdeithas yr Iaith Gymraeg.

Hywel Griffiths

Magwyd Hywel ger Llangynog yn Sir Gâr ac mae bellach yn byw ac yn gweithio yn Aberystwyth. Astudiodd ddaearyddiaeth a mathemateg yn y Brifysgol ac mae nawr yn ddarllenydd mewn daearyddiaeth ffisegol yno ac yn ymchwilio a dysgu yn bennaf ym maes afonydd, llifogydd a geomorffoleg. Bu'n aelod o'r Gymdeithas ers dyddiau ysgol a bu'n gadeirydd rhwng 2007 a 2008. Mae'n fardd ac yn awdur ac wedi cyhoeddi tair cyfrol o farddoniaeth – *Banerog, Teigr yn y Gegin* a *Llif Coch Awst* yn ogystal â nofelau i blant. Mae'n cymryd rhan mewn talyrnau ac ymrysonau gan gynnwys Talwrn y Beirdd fel aelod o dîm y Glêr ac Ymryson yr Eisteddfod fel rhan o dîm y Deheubarth. Mae hefyd yn cyfrannu at raglen natur *Galwad Cynnar* ar Radio Cymru.

Bywgraffiadau

Dafydd Iwan

Ganwyd Dafydd yn un o bedwar mab y Mans ym Mrynaman, cyn symud i Lanuwchllyn. Mae'n hanu ar ochr ei dad o deulu'r Cilie. Cafodd ei addysg yn Nyffryn Aman, Y Bala, Aberystwyth ac Ysgol Bensaernïaeth Cymru, Caerdydd. Yn ogystal â gradd B.Arch cafodd radd LL.D er anrhydedd gan Brifysgol Cymru, ond does dim gwir yn y stori iddo'i chael am dorri deddfau er iddo fod yn Gadeirydd ac Is-Gadeirydd Cymdeithas yr Iaith a threulio ambell gyfnod yng ngharchardai'r Frenhines. Mae'n ganwr-gyfansoddwr a llawer o ganeuon a recordiau i'w enw. Yn sefydlydd Cwmni Sain a Chymdeithas Tai Gwynedd mae'n dal i weithio'n achlysurol i'r ddau yn ogystal â bod yn ymddiriedolwr i stad CWE Portmeirion, Age Cymru Gwynedd a Môn ac Ymddiriedolaeth William Salesbury, ac yn bregethwr cynorthwyol.

Wynfford James

Bu Wynfford yn Gadeirydd ac yn Arweinydd Grŵp Darlledu Cymdeithas yr Iaith yn ystod y saithdegau. Yn dilyn cyfnod o weithio i Gwmni Sain aeth yn bennaeth ar Antur Teifi, hyd nes iddo ymuno yn 1999 gydag Adran Datblygu Busnes Awdurdod Datblygu Cymru fel Cyfarwyddwr bwyd-amaeth Cymru, blwyddyn cyn sefydlu'r Cynulliad Cenedlaethol. Yn ystod 2005 bu'n gweithio i Adran Ryngwladol yr Awdurdod yn Amsterdam cyn iddo adael i sefydlu cwmni a fyddai'n arbenigo gyda syniadau newydd ym maes datblygu cymunedol ac economaidd.

Rhaid i Bopeth Newid

Yn dilyn sefydlu swyddfa Llywodraeth Cymru yn Aberystwyth fe'i penodwyd yn Uwch Was Sifil yn yr Adran Wledig yn ystod cyfnod rhaglen 'Cymru'n Un'. Secondiwyd i swyddfa Comisiynydd y Gymraeg yn 2012 gan arwain ar adroddiad 'Potensial y Gymraeg i gyfrannu at wireddu amcanion Rhaglenni Ariannu Ewropeaidd 2014-2020'. Yn dilyn gadael y Gwasanaeth Sifil mae wedi ailgydio mewn gwaith gyda'r cwmni a sefydlodd yn 2006 gan ganolbwyntio ar gynlluniau datblygu gwledig a'r berthynas rhwng iaith ac economi.

Elin Haf Gruffydd Jones
Magwyd Elin yn Nhreffynnon ac mae'n byw yn Aberystwyth gyda'i chymar, Siân Howys, a'u meibion. Bu'n Gadeirydd Grŵp Cysylltiadau Rhyngwladol Cymdeithas yr Iaith ac yn aelod o'r Grŵp Statws. Mae'n Athro ym Mhrifysgol Cymru Y Drindod Dewi Sant ac ers Ionawr 2021 yn Gyfarwyddwr ar Ganolfan Uwchefrydiau Cymreig a Cheltaidd Prifysgol Cymru. Mae'n amlieithog ac yn siarad sawl iaith leiafrifedig.

Dafydd Morgan Lewis
Daw Dafydd Morgan Lewis o'r Foel yn Sir Drefaldwyn. Ymunodd â Chymdeithas yr Iaith yn 1970 a bu'n gweithio i'r mudiad o 1988 hyd at 2012. Mae'n aelod o dim Talwrn y Cŵps yn Aberystwyth, ac ar hyn o bryd mae'n byw ar ei faglau yn Nyffryn Banw.

Bywgraffiadau

Menna Machreth

Daw Menna Machreth o Landdarog yn Sir Gaerfyrddin er bod ganddi wreiddiau ym Meirionnydd a Cheredigion. Aeth i Brifysgol Aberystwyth i astudio'r Gymraeg a bu'n llywydd yr Undeb Myfyrwyr Cymraeg yn 2006-7 cyn mynd ymlaen i Brifysgol Bangor i wneud MA a doethuriaeth yn Ysgol y Gymraeg. Bu'n Gadeirydd Cymdeithas yr Iaith yn 2008-10 gan ymwneud â'r ymgyrch i sefydlu Coleg Cymraeg, Mesur y Gymraeg ac ymgyrch i achub S4C wedi i'r llywodraeth Dorïaidd yn 2010 gyhoeddi ei bod am gwtogi ar gyllid y sianel. Yn un o sylfaenwyr Llety Arall, mae'n parhau i fod yn weithgar gyda'r fenter gymunedol unigryw hon sy'n dathlu'r Gymraeg ac yn hyrwyddo twristiaeth gynaliadwy. Gweithia bellach i'r Mudiad Meithrin fel Swyddog Polisi. Mae Menna yn byw yng Nghaernarfon gyda'i gŵr Rhys a'i dau fab.

Gareth Miles

Awdur ac ymgyrchydd. Ganwyd yng Nghaernarfon ond mae ei wreiddiau ym Mhont-rhyd-y-fen. Mynychodd Brifysgol Bangor cyn mynd yn athro Ffrangeg a Saesneg yn Wrecsam a Dyffryn Nantlle. Bu'n Drefnydd Cenedlaethol Undeb Cenedlaethol Athrawon Cymru (UCAC) ac mae'n un o sefydlwyr a chyn-Gadeirydd Cymdeithas yr Iaith Gymraeg. Enillodd Wobr Llyfr y Flwyddyn 2008 am ei nofel *Y Proffwyd a'i Ddwy Jesebel*.

Helen Prosser

Ymunodd Helen Prosser â Chymdeithas yr Iaith ar ôl mynd i'r Brifysgol yn Aberystwyth a bu'n Gadeirydd yn 1987-89. Dysgodd Gymraeg yn yr ysgol yn Nhonyrefail, ac mae hi'n dal i fyw yno gyda'i gŵr Danny. Fe gwrddon nhw mewn cyfarfod o Senedd Cymdeithas yr Iaith. Mae hi'n gweithio fel Cyfarwyddwr Dysgu ac Addysgu yn y Ganolfan Dysgu Cymraeg Genedlaethol ac mae hi wedi treulio ei gyrfa yn dysgu Cymraeg i oedolion.

Lleucu Roberts

Daw Lleucu o Geredigion ond mae'n byw yn Rhostryfan ers deng mlynedd ar hugain. Mae'n awdures sawl nofel i oedolion a phlant, y rhan fwyaf ohonyn nhw â'r iaith a'i helbulon yn rhan o'u paent i raddau mwy a llai na'i gilydd; a dwy gyfrol o straeon byrion yn cynnwys *Jwg ar Seld* lle mae pob stori yn ymwneud yn uniongyrchol â'r Gymraeg a'r frwydr drosti. Mae'n aelod o'r Gymdeithas ers dyddiau ysgol ac yn ystyried na fu mudiad pwysicach yng Nghymru erioed.

Bywgraffiadau

Toni Schiavone
Cyn-gadeirydd Cymdeithas yr Iaith (1985-87) ac yn gadeirydd y Grŵp Addysg ar hyn o bryd. Magwyd yng Nghastellnewydd Emlyn, ei dad yn Eidalwr a'i fam yn Gymraes. Mae'n aelod o'r Gymdeithas ers canol y saithdegau ar ôl dychwelyd i Gymru wedi treulio tair blynedd ym Mhrifysgol Southampton, tair blynedd yn Llundain yn gweithio fel athro ac mewn siop recordiau yn ogystal â gwirfoddoli gyda St Mungo Community Trust yn dosbarthu cawl i'r di-gartref ar strydoedd Llundain am noson neu ddwy bob wythnos am ddwy flynedd. Bu'n aelod o Senedd y Gymdeithas drwy'r wythdegau a'r nawdegau. Mae'n gasglwr recordiau feinyl a hyrwyddwr recordiau Cymraeg yn ogystal â chyn-hyfforddwr pêl-droed a rygbi. Mae wedi byw ym Mhandy Tudur uwchben Dyffryn Conwy tra gweithiai fel athro, ymgynghorydd addysg, a phrif weithredwr yr Asiantaeth Sgiliau Sylfaenol yng Nghymru. Erbyn hyn mae wedi symud yn ôl i'w ardal enedigol yn Nyffryn Teifi. Mae wedi awduro a chyfrannu at amrywiaeth o ddeunyddiau a llyfrau addysgol, ac ysgrifau am gerddoriaeth Gymraeg gan gynnwys cyd-awduro llyfr am Y Cyrff.

Mabli Siriol Jones
Mae Mabli Siriol Jones yn dod o Grangetown, Caerdydd. Mae hi wedi gweithio yn Senedd Cymru ac fel ymgyrchydd dros ddiwygio'r system lloches a dros hawliau pobol lesbiaidd, hoyw, deurywiol a thraws. Hi yw Cadeirydd presennol Cymdeithas yr Iaith.

Angharad Tomos

Magwyd Angharad yn Nyffryn Nantlle ac yno mae'n byw efo'i gŵr Ben, a'i mab Hedydd. Yn aelod o Gymdeithas yr Iaith ers dyddiau ysgol bu'n Gadeirydd y mudiad yn 1982-84 a bu hefyd yn olygydd *Tafod y Ddraig*. Awdures ydyw sydd wedi ysgrifennu nofelau a dramâu i oedolion, a chyfres Rwdlan i blant. I nodi 50 mlwyddiant Cymdeithas yr Iaith ysgrifennodd ddrama *Dyled Eileen* a berfformiwyd gan y Theatr Genedlaethol yn adrodd hanes bywyd Eileen Beasley. Mae'n brysur yn ei chymuned yn Nyffryn Nantlle efo menter gymdeithasol Yr Orsaf sydd yn cyflogi pobol ifanc yn yr ardal. Gyda Chymdeithas yr Iaith mae wedi bod yn rhan o ddirprwyaeth i Iwerddon, Catalunya, Gwlad y Basg a Nicaragua. Ymwelodd â Phalesteina hefyd ac mae wedi ymwneud â'r Mudiad Heddwch. Fel ei thaid, y sosialydd David Thomas, mae ganddi golofn yn *Yr Herald Gymraeg*.